28 balades sur les sites du Conservatoire du littoral



# Provence Côte d'Azur entre terre et mer

Dakota éditions

# Sommaire

# Le Conservatoire du littoral
# **Pourquoi** et **pour quoi faire ?**

Pendant très longtemps, le littoral a été une frontière d'où partaient des bateaux de pêche, de commerce ou de guerre, mais où nul ne se rendait pour le plaisir. En dehors des côtes bretonnes « habitées » de longue date, les populations s'éloignaient au contraire du littoral pour fuir les zones humides infestées par le paludisme, les dunes mises en mouvement par les vents, les plages où, notamment en Méditerranée, des hommes venus d'autres rivages faisaient régner l'insécurité.

En un peu plus d'un siècle, ce qui est très bref à l'échelle historique, cette situation a été bouleversée. Le littoral est devenu le lieu de multiples activités, entrant en concurrence et en conflit entre elles pour se disputer l'usage d'un espace étroit entre la terre et la mer. Si bien que la perception du littoral a changé : non plus un immense espace vide à conquérir, un réservoir illimité d'activités mais un bien rare et fragile, menacé de disparition par absorption ou trop-plein.

Quelles sont les raisons qui ont amené les pouvoirs publics à considérer le littoral non pas comme un espace ordinaire mais comme un bien précieux, dont l'affectation ne peut être laissée au seul jeu des rapports de force financiers ? Ces raisons sont multiples et reposent sur des valeurs biologiques, culturelles, sociales et économiques.

## *Un impératif biologique*

La richesse biologique des milieux littoraux résulte de leur qualité de lisière ou d'interface entre la terre et la mer. L'écologie enseigne que les frontières entre deux écosystèmes différents sont d'une richesse exceptionnelle du fait des interactions qui s'y établissent. Le littoral abrite ainsi de nombreuses espèces animales ou végétales, souvent rarissimes ou menacées de disparition, qui sont du plus grand intérêt pour la conservation de la biodiversité.

Les marais du Vigueirat

## Un besoin culturel

Le littoral, ligne magique où la terre et l'eau se rencontrent, est un lieu de rêve, d'imagination, de contemplation. Le littoral procure un sentiment de liberté et d'ouverture à d'autres mondes et à d'autres sociétés. Beaucoup d'artistes : écrivains, peintres, musiciens, photographes y ont trouvé et y trouvent une source d'inspiration et un sentiment de plénitude.

Patrimoine naturel et création culturelle se conjuguent ainsi pour donner naissance à des « identités littorales » fortes, et toute réduction des richesses naturelles est aussi un appauvrissement culturel et symbolique.

Etang de Berre

## Une nécessité sociale

Pour les millions de visiteurs (et d'habitants permanents) qui fréquentent chaque été le littoral, le maintien ou la reconquête d'espaces libres sur le rivage apparaît comme un véritable enjeu social.

Or l'urbanisation linéaire « les pieds dans l'eau » ou « avec vue sur la mer », qui résulte du libre jeu du marché, a souvent pour effet de dresser une sorte de mur de constructions et de clôtures qui ferme physiquement ou visuellement le rivage au public.

Ce souci, non pas seulement de protection mais d'ouverture au public, a joué un rôle important dans la création en 1975 du Conservatoire du littoral. Aujourd'hui, les terrains du Conservatoire reçoivent chaque année environ 30 millions de visites.

Port-Cros - Îlot du Rascas

## Un atout économique

Chacun reconnaît que protection et développement sont nécessairement liés dans une recherche permanente d'équilibres, certes précaires, qu'exprime la notion de développement durable.

L'industrie touristique, première richesse économique des régions littorales, est liée à une image de qualité fondée sur la diversité des sites et l'existence d'espaces de nature. L'urbanisation incontrôlée, le « mitage » des côtes et la perception de fermeture du littoral qui en découlent portent atteinte à cette image et peuvent créer de véritables friches touristiques qu'il conviendra, demain, de reconquérir.

Cette combinaison exceptionnelle de points de vue et d'intérêts qui font du littoral un espace « pas comme les autres », est à l'origine de la création du Conservatoire du littoral et inspire son action.

En janvier 2011, le domaine relevant du Conservatoire du littoral est de 138 000 hectares, 1 200 km de rivages, soit 12 % du linéaire côtier, 600 sites naturels protégés qui seront transmis intacts aux générations futures.

Le cap Taillat

# Préserver les rivages de **Provence - Côte d'Azur**

## *Une nature façonnée par l'homme*

Habité depuis la préhistoire, le littoral méditerranéen a été profondément marqué par la présence humaine. Phéniciens, Grecs, puis Romains cabotèrent le long de ses côtes et y fondèrent des comptoirs comme Massilia (Marseille), Forum Julii (Fréjus), ou Nikaia (Nice).

A l'intérieur des terres, rares furent les espaces non exploités par les agriculteurs, bergers ou forestiers, et un équilibre s'établit peu à peu entre l'homme et son environnement. La forêt constituait un élément essentiel de l'économie traditionnelle : bois pour le chauffage, charbon de bois, fours à chaux, cultures sur les restanques, pâture des moutons…

De nouveaux végétaux vinrent enrichir la flore locale, comme l'olivier et la vigne apportés par les Grecs, puis d'autres, venus plus tard des quatre coins du monde.

Mais au XX$^{e}$ siècle, l'accélération des aménagements le long du littoral créa une coupure entre l'homme et la nature. Tandis que les villes s'étendaient, l'exode rural laissait à l'abandon cultures et pâturages, peu à peu gagnés par la garrigue ou le maquis. Ainsi disparaissaient les coupe-feu, favorisant la propagation d'incendies dévastateurs.

Parallèlement, la présence humaine qui avait fait la richesse de cette région devenait une menace pour son environnement. C'est la partie du littoral français qui a subi la plus forte pression démographique et urbanistique depuis les années 50. De 1982 à 1990,

30 % des logements édifiés sur le littoral métropolitain l'ont été sur celui de Provence-Alpes-Côte d'Azur, qui ne représente pourtant que 13 % des côtes de notre pays. Cette pression n'est pas seulement due à son succès touristique, puisque près de la moitié de la population permanente de la Région habite à proximité de la Méditerranée.

Ainsi, alors qu'il est sans doute l'un des plus riches de France sur le plan paysager, faunistique et floristique, le littoral de la région Provence-Alpes-Côte d'Azur est aussi le plus menacé.

## *Une extraordinaire diversité de paysages et de milieux naturels*

Peu de régions offrent un littoral aux paysages aussi variés. Entre les terres sableuses à fleur d'eau de la Camargue et les Alpes qui plongent dans la Méditerranée, s'étend une mosaïque d'espaces d'une prodigieuse diversité.

La Crau, seule steppe d'Europe de l'Ouest, voisine avec la Camargue, l'une des plus grandes zones humides d'Europe ; aux falaises calcaires déchiquetées des Calanques et de la Côte Bleue succède le massif siliceux et vert sombre des Maures, puis les roches rouges de l'Estérel. Chênes-lièges et châtaigniers des forêts du Var tranchent avec les austères garrigues des Bouches-du-Rhône, tandis que palmiers et espèces exotiques s'imposent sur la Riviera.

Malgré les grandes villes (Marseille, Toulon, Nice), l'urbanisation touristique extrêmement dense (Côte d'Azur) et les complexes industriels (Fos, Berre), un patrimoine naturel exceptionnel a pu se perpétuer sur ce littoral, grâce à l'extrême diversité de ses milieux naturels et à l'étonnante amplitude d'altitude de cette région.

C'est pourquoi cette région constitue un des territoires d'intervention prioritaire pour le Conservatoire du littoral, qui y garantit d'ores et déjà la sauvegarde de près de 37 000 hectares représentant 140 km de rivages.

## *Un partenariat durable pour la gestion des sites*

Pour préserver les rivages, il faut souvent réhabiliter des sites dégradés, restaurer les dunes littorales, aménager des sentiers pour canaliser le public... Le Conservatoire assure ces travaux, et confie aux partenaires locaux - le plus souvent les collectivités locales, parfois aidées par des organismes spécialisés (associations de protection de la nature, ONF, parcs nationaux ou régionaux) -, la gestion des sites : plus de 100 « gardes du littoral » employés par ces structures assurent au quotidien l'entretien, la surveillance, la mise en œuvre des travaux, le suivi écologique, l'accueil du public et la valorisation des sites. Soutenue financièrement par la Région et les Départements, cette gestion est assurée en concertation avec l'ensemble des acteurs concernés afin d'impliquer chacun dans la protection d'un patrimoine naturel commun inestimable.

***70 sites où s'épanouit la nature,***
***représentant près de 37 000 hectares définitivement préservés.***

# *La Région Provence-Alpes-Côte d'Azur,*
## *partenaire du Conservatoire du littoral*

**La Camargue, la Crau, l'Etang de Berre, les Calanques, le tombolo de Giens, les îles de Port-Cros et Porquerolles, la presqu'île de Saint-Tropez, les Maures et l'Estérel, la Riviera...** autant de sites aux noms prestigieux qui évoquent la richesse et la diversité des milieux naturels et des paysages littoraux de la région Provence-Alpes-Côte d'Azur.

Sur ces espaces naturels remarquables littoraux, **près de 37 000 hectares répartis en 70 sites** et représentant **plus de 140 kilomètres de rivages** sont **définitivement protégés par le Conservatoire du littoral.**

Ce résultat est **le fruit d'un partenariat exemplaire** instauré depuis de nombreuses années avec les collectivités territoriales, et notamment la Région Provence-Alpes-Côte d'Azur qui, convaincues que la sauvegarde d'espaces naturels littoraux de qualité représente un atout pour l'image et le développement de leur territoire, soutiennent et contribuent fortement à l'action du Conservatoire du littoral.

C'est ainsi que la Région apporte son aide pour les acquisitions exceptionnelles, contribue avec les Départements à la gestion des sites, soutient la réalisation de **projets d'animations et d'accueil du public**, encourage la **mise en valeur culturelle et touristique des sites**.

Ce partenariat s'inscrit dans le cadre de la politique ambitieuse menée par la Région Provence-Alpes-Côte d'Azur pour la protection et la gestion de ses espaces naturels remarquables : Parcs naturels régionaux (Camargue, Luberon, Queyras, Verdon, Alpilles), Parcs nationaux (Port-Cros, Ecrins, Mercantour), Réserves naturelles (Camargue, Crau, archipel de Riou, plaine des Maures, Alpes de Haute-Provence)...

**Car la sauvegarde et la mise en valeur de ce patrimoine exceptionnel constitue un atout majeur pour le développement durable de la région.**

Région

Provence-Alpes-Côte d'Azur

# Provence - Côte d'Azur, un héritage d'exception

La richesse biologique du littoral méditerranéen, de la Camargue à la Riviera, est exceptionnelle. Elle est le fruit d'une longue histoire, naturelle et humaine, et une source perpétuelle d'émerveillement. A l'ère secondaire, la Provence émerge, au tertiaire elle se plisse, s'érode en canyons et en grottes, sur terre comme en mer, s'effondre en isolant des chapelets d'îles où se différencient une faune et une flore originales. Au Quaternaire, elle offre un refuge à des milliers d'espèces chassées par la progression des glaciers. Depuis 10 000 ans seulement l'homme y façonne le paysage ; pastoralisme et agriculture donnent une place à l'herbe contre l'arbre dans des espaces jadis étouffés par la forêt ; le commerce méditerranéen depuis l'Antiquité introduit, volontairement ou non, plantes et animaux exotiques, certains devenus emblématiques (olivier, palmier, mimosa, chèvre du Rove...). Mais cet héritage hors du commun est, aujourd'hui, victime des appétits qu'il suscite : l'urbanisation dévore l'espace, le tourisme grandissant épuise la ressource en eau, les déchets s'amoncèlent, le risque d'incendie augmente. Sur la côte, très touchée, il y a urgence à protéger, mais aussi à repenser un développement à moyen terme qui concilie notre besoin croissant de ressources et notre aspiration, restée intacte, à jouir d'espaces sauvages.

## Les enjeux de l'eau

En Méditerranée, la gestion de l'eau est très ancienne. Plus de 70 % de l'eau consommée y sert aujourd'hui à l'irrigation. Répondre au mieux à ce besoin sans épuiser la ressource est un enjeu considérable. S'y ajoutent la sécurisation des biens et des gens exposés aux inondations souvent brutales et dévastatrices, la lutte contre l'érosion du littoral de plus en plus menacé par les tempêtes, et la restauration de la qualité des lagunes pour les services qu'elles rendent (pêche, aquaculture, loisirs). Les prévisions démographiques à la hausse sur les rivages méditerranéens ne font qu'accroître l'urgence des mesures à prendre pour développer une nouvelle « culture de l'eau ».

## A la rencontre des **zones humides**

En Camargue, les marais, pâtures, rizières, plages et lagunes, offrent un spectacle permanent : un nuage de canards décolle d'un plan d'eau, un groupe de rainettes vertes bondit de feuille en feuille, une tortue cistude se coule au creux d'un fossé inondé, un sanglier grognon trace sa route dans le craquement des roseaux secs. Fébrilité de la vie dans le delta du Rhône qui vous met sans cesse sur le qui-vive.

> Marais, pâtures, rizières, plages et lagunes offrent un spectacle permanent

Au milieu de plateaux calcaires, l'étang de Berre déploie sa grandeur de mer intérieure. Il fait bon humer la résine sous les pins de la côte ouest, rêver d'exotisme à St-Chamas ou s'étonner devant coques et moules à l'embouchure de la Touloubre ! A l'étang de Bolmon, se laisser prendre au charme de la mésange rémiz ou du héron blongios. Et fort de l'énergie puisée, errer sur les quais de Martigues qu'on dit être une « Venise provençale ».

A Hyères ne pas oublier hier, quand les saliniers peinaient à exploiter le sel avec pelles et brouettes dans cette mosaïque de

En Camargue

Corniche des Maures

casiers à la géométrie soignée. Goûter les soudes et salicornes, caresser la saladelle qui n'en peut plus du sel et, sous sa feuille, l'excrète. Voir l'avocette houspiller le goéland pour sauver ses rejetons.

Pousser jusqu'aux étangs de Villepey et mesurer combien un ancien site d'extraction du gravier livré à la nature peut attirer canards, mouettes, cormorans et autres palmipèdes. Ou au contraire traquer l'oiseau rare à l'embouchure du Var comme le petit râle marouette qui a ses habitudes là-bas.

## De l'herbe à l'arbre, **une succession vers la forêt**

Où commence et où s'arrête la forêt ? Difficile souvent de le dire car celle-ci est l'aboutissement d'une succession de végétations où l'arbre et le buisson prennent une part très variable. Sur la rocaille calcaire, iris, orchidées, narcisses sont vite phagocytés par le kermès, un petit chêne épineux et rampant ; émerge ensuite la garrigue odorante et colorée au gré des romarins, chèvrefeuilles, cistes, ajoncs de Provence.... En terrains siliceux, la succession est parfumée par la lavande des Maures, vite oppressée par un épais maquis d'arbousier,

Des décennies sont nécessaires pour faire un humus et une forêt

### La part du feu

Depuis toujours, le feu rajeunit régulièrement la forêt, surtout en Méditerranée. Au hasard de ses passages, il ouvre le paysage et contribue à maintenir dans l'espace une biodiversité. Aujourd'hui, la multiplicité des départs de feu, leur fréquence de retour (parfois moins de 5 ans) et leur étendue traumatisent plus qu'ils ne favorisent les communautés végétales et animales. Ils menacent de surcroît la sécurité des populations humaines. La défense contre les incendies associe au renforcement des moyens de lutte une meilleure prévention du risque : surveillance et aménagement du territoire, contrôle de la fréquentation estivale, entretien de pare-feu, pâturage maintenant des stades pionniers bas ayant en outre une valeur écologique.

### UNE DIVERSITÉ EXCEPTIONNELLE EN MÉDITERRANÉE

Sur moins de 2% de la surface de la Terre, le bassin méditerranéen abrite plus de 10% des plantes à fleurs du monde et 50% des fleurs endémiques. Près d'une espèce sur cinq (soit environ 5000) y est classée comme menacée, rare ou vulnérable. Parmi les plantes considérées comme remarquables en Europe par la Directive « Habitats », 80 % habitent la région méditerranéenne ! Par un riche réseau de sites protégés, le littoral provençal contribue au maintien de cette diversité : un parc national (Port-Cros), un parc marin (Côte Bleue), quatre réserves nationales (Camargue, Coussouls de Crau, archipel de Riou, plaine des Maures) et une multitude de sites côtiers classés ou préservés par acquisition foncière (Conservatoire du littoral, départements, communes).

bruyère arborescente, calycotome, pistachier. Des décennies sont nécessaires pour faire un humus et une forêt.

Quelle forêt ? Une forêt toujours verte, à feuillage persistant. Il y a bien les ripisylves, jungles de bords de rivière, exubérantes, où la ramure des ormes et des peupliers blancs lâche à l'automne une pluie de feuilles jaunes. Et la forêt de chênes blancs (pubescents) qui brunit puis se dépouille, très lentement durant l'hiver, dans les vallons ou sur les versants froids. Mais pour les autres, feuilles ou aiguilles se renouvellent au compte-goutte. Ainsi sont les forêts de chênes verts répandues sur les calcaires de la Provence occidentale. A l'est, les massifs cristallins (Maures, Esterel..) portent des futaies de chêne liège aux troncs marqués par les cicatrices du démasclage. Ici ou là, le pin parasol, bien nommé, forme de beaux boisements (plaine des Maures). Le pin maritime, très répandu autrefois, régresse, victime d'une cochenille. Colonisateur des zones incendiées, le pin d'Alep est partout. Ses cimes hautes clairsemées dominent souvent une forêt en cours de régénération qui finira par l'étouffer.

## Trésors des **archipels**

De Marseille à Cannes, la Provence égraine ses chapelets d'îles. Cabotage riche en contrastes tant l'archipel de Riou, aride vaisseau de pierre flottant au large des Calanques diffère de l'exubérance végétale des îles d'Hyères. Ces archipels sont des trésors de vie, sur terre et sous la mer. Nombre d'espèces dites endémiques y ont évolué en vase clos et sont présentes parfois sur deux ou trois îles seulement comme le pied d'alouette de Requien. Aléas de la colonisation végétale. Ce monde des îles c'est aussi le monde de l'obscurité animé par les hurlements des puffins, le monde du silence peuplé de nacres, d'hippocampes, de mérous, où l'homme plus que nulle part ailleurs se sent étranger. Rivages convoités que l'histoire a marqué de ses ports et épaves, de ses forts et carrières, de ses restanques, de ses soudières. Indispensable détour par le passé à qui veut découvrir, du Frioul à Lérins,

> Mondes fragiles, les îles doivent aujourd'hui supporter toutes les agressions du littoral sur un espace restreint

le secret des îles provençales. Mondes fragiles, les îles doivent aujourd'hui supporter toutes les agressions du littoral sur un espace restreint. Leur fréquentation extrême dès la belle saison amplifie considérablement les contraintes naturelles posant de multiples problèmes tels que l'approvisionnement en eau douce, l'épuration des eaux, l'érosion des plages, la gestion des déchets…

## Une Provence **sculptée dans la pierre**

Crêtes chahutées de l'Estaque ou formes arrondies de la plaine des Maures, canyon terrestre du Verdon ou sous-marin des Stœchades (Gapeau), grottes perchées au cap Canaille ou grotte Cosquer noyée par 37 m de fond, caps et criques de la Riviera, hautes falaises des Calanques léchées par la mer ou plaine de galets steppique dans la Crau, tout cela forme une palette incroyable de paysages… qui s'enrichit de couleurs au gré de la nature des roches : blancheur des calcaires à l'ouest,

### Espèces invasives

Terre d'échange depuis toujours, la Provence est exposée à l'envahissement par des espèces exotiques. Le long des côtes, les caulerpes tapissent les fonds au détriment des précieux herbiers de posidonies. Sur les îles, les rats deviennent de redoutables prédateurs. Dans le delta du Rhône, la belle jussie recouvre marais et canaux d'irrigation, les herbes de la Pampa colonisent lentement friches et bords de route et le silure peuple bien des étangs. Les écrevisses de Louisiane aussi mais là pour le plus grand bonheur des butors qui en ont fait leur ordinaire et d'un pêcheur professionnel qui profite de cette manne aux marais du Vigueirat.

Rocher du Rascas, île de Port-Cros

Massif de l'Estérel

## Une empreinte profonde

Le foisonnement de la vie en Provence donne souvent l'illusion d'une nature sauvage. Mais l'homme est partout. En Camargue, pas une goutte d'eau hormis les précipitations et les ruptures de digues ne pénètre entre les bras du Rhône sans le vouloir de l'homme. Par le choix de ses parcours, le berger décide de la survie des maquis et garrigues. En forêt, le pâturage dégage parfois le sous-bois quand cela n'est pas déjà fait pour lutter contre l'incendie révélant, ici ou là, les vestiges de paysages agraires en terrasses, les « restanques ». Certains jardins exotiques de la Côte d'Azur marient plus étroitement encore patrimoines naturel et culturel. Leurs essences, leur architecture, l'histoire de leur créateur témoignent d'échanges économiques, culturels et naturels avec le monde entier. Revers de cet essor, l'urbanisation y a dévoré la côte.

patine brune des calanques de La Ciotat (Cap-Canaille/Bec de l'Aigle), éclat doré des micaschistes noirs dans les Maures, rousseur des roches de l'Estérel.

Ces œuvres de la nature sont aussi des lieux de vie. Arides et surchauffés en surface, chacun cherche au tréfonds de la roche un dépôt d'humus, un peu d'ombre, d'humidité ou d'eau. Monde ingrat où seules des espèces hautement spécialisées survivent : lichens, fougères, lézards geckos, chauve-souris, martinets, merles de roche.

La vie cherche au tréfonds de la roche un dépôt d'humus, un peu d'ombre, d'humidité ou d'eau

Etrange Provence qui fournit encore la teinture des ocres, la pierre du mas, de la borie*, du cairn, l'abri sous roche au troupeau du berger et attire de très loin l'artiste, le chercheur, le sportif.

*cabane ronde en pierre sèche

# Le littoral provença

Envol d'une aigrette au crépuscule

## Couleurs des marais

Salins d'Hyères

Marais du Vigueirat

en images

Forêt et rivages de Porquerolles

Flamant rose

Tortue d'Hermann

# Diversité du vivant

Graphisme du vent sur le sable

Nivéole d'été

Séneçon cinéraire

Calycotome

# Majesté des Calanques

# Balades, **mode d'emploi**

*Une multitude d'informations qui figurent sur les cartes IGN vous aideront à vous orienter : ponts, sentiers, bois de feuillus ou de conifères, courbes de niveau, églises, ruines…*

**Voici quelques conseils et astuces pour une balade sans encombres et respectueuse de l'environnement.**

- **Nos balades** ne nécessitent aucun équipement particulier en dehors de chaussures de marche. Une paire de jumelles est vivement recommandée pour observer les oiseaux.
- **Pour connaître** la difficulté, le kilométrage et la durée, reportez-vous à l'encadré « pratique » à la fin de chaque balade.
- **Pour limiter l'érosion et le piétinement de la végétation**, restez sur les sentiers. Respectez aussi les propriétés privées. Le promeneur ne doit pas être ressenti comme une nuisance par les riverains des sentiers.
- **Ne laissez aucun déchet derrière vous**, surtout pas de métal, de verre ou de plastique qui peuvent mettre plusieurs centaines d'années à se dégrader.
- **Ne cueillez pas de plantes**. Ce geste peut entraîner la disparition de fleurs rares, et nuire aux papillons, oiseaux et autres insectes qui aiment aussi en profiter…
- **Il est interdit d'allumer du feu**, de fumer ou de jeter son mégot de cigarette, car quelques secondes suffisent pour détruire un arbre ou une forêt qui ont mis 50 ans à pousser !
- **Ne pas camper ou bivouaquer** car cela peut détruire la flore, être la cause d'incendies et favoriser l'accumulation des déchets.
- Enfin, **les animaux ne seront pas toujours au rendez-vous.** La plupart des mammifères et des oiseaux n'aiment ni la chaleur de l'après-midi, ni la foule des promeneurs. Pour observer la vie sauvage, il est essentiel d'être discret, patient…

**Attention :** Pour limiter les risques d'incendie, une réglementation particulière s'applique en été et les jours de grand vent où un « plan alarme » est déclaré, interdisant la fréquentation des massifs forestiers. Merci de la respecter pour votre sécurité et pour faciliter la tâche des patrouilles de surveillance incendie.

Renseignements : contacter les mairies, les offices de tourisme, ou www.bouches-du-rhone.pref.gouv.fr/risques/feux ou 0811 20 13 13 ou www.var.pref.gouv.fr/ puis sécurité civile et réglementation

# Dans la collection Balades Nature

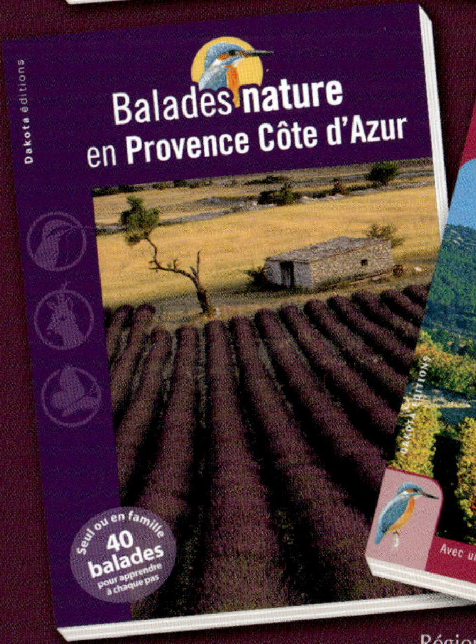


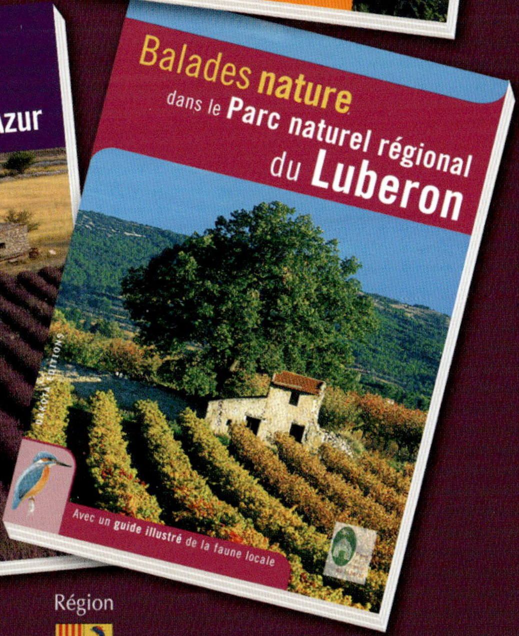


En partenariat avec

Région
Provence-Alpes-Côte d'Azur

**www.dakotaeditions.com**

**Dakota** éditions • plus de 200 illustrations

en vente en librairie

ARLES
Petit Rhône
Port de Rousty
2
PARC NATUREL
REGIONAL DE
CAMARGUE
Grand Rhône
Étang de
Vaccarès
Marais du Vigueirat
4
Salin de Badon
3
La "digue à la mer"
1
Saintes-Maries-
de-la-Mer
GOLFE
DE BEAUDUC
Salin-de-
Giraud
Domaine de la Palissade
5
Plage d'Arles

# Camargue

De grandes étendues, où terre et eau sont intimement mêlées, forment de vastes marais d'une richesse exceptionnelle. Ici, la nature s'adapte à des conditions extrêmes où alternent sécheresse et immersion, vent, sel et eau douce.

Au côté d'autres partenaires, le Conservatoire du littoral participe activement à la sauvegarde d'espaces irremplaçables pour les oiseaux d'eau, avec un triple objectif : préserver une nature fragile et évolutive, maintenir des activités humaines traditionnelles et ouvrir au public des sites discrètement aménagés pour lui permettre de « voir la nature » sans la déranger.

# La "digue à la mer", un défi à la Grande bleue

**Depuis que l'homme aménage la Camargue pour en exploiter les ressources naturelles, cette digue est la plus sérieuse transformation apportée au fonctionnement du delta du Rhône. Une étape majeure dans la maîtrise de l'eau.**

La digue à la mer court le long du rivage camarguais sur plus de 40 km, des Saintes-Maries-de-la-Mer à Salin-de-Giraud, localement au ras du rivage, généralement en retrait à quelques centaines de mètres.

## *Un projet mouvementé*

Son histoire s'inscrit dans le développement agricole de la Camargue. Au milieu du XIXe siècle, pressés par de grands propriétaires, les membres de la commission d'amélioration de la Camargue cherchent les moyens de mettre en valeur le delta. Seule l'idée d'une digue protégeant les terres des entrées marines fait consensus dans les années 1850 mais elle reste en sommeil. Il faut attendre 1856, et la grande inondation du Rhône qui dévaste le delta pour voir le projet mis en œuvre. Napoléon III se déplace en Camargue. Les populations étant acquises à la cause, les procédures sont accélérées et les financements vite débloqués. Qu'une crue du fleuve conduise à l'édification d'une digue de protection contre la mer pourrait paraître incohérent mais le premier

Crabe ensablé

ennemi de l'agriculteur ici est bien le sel et non la crue. Lui, stérilise, elle, fertilise. Le chantier débute donc en urgence dès 1857 et s'achève en 1863. Jusqu'à la fin du XIXe siècle, les tempêtes ne cessent de dégrader l'ouvrage faute de trouver auprès des agriculteurs les fonds prévus pour son entretien.

## *Un littoral en recul*

Mais la digue, stabilisée depuis, ne protège nullement la vaste plage de l'érosion marine. Ces dernières décennies, la mer voit à la fois son niveau s'élever et les apports de sédiments du Rhône à l'embouchure fortement diminuer, retenus en amont par les barrages. Or ces sables, déposés d'est en ouest par le courant ligure, rechargent normalement les plages. Aujourd'hui, le rivage ne progresse que très localement sur la mer : à Beauduc (près de l'estuaire) et à l'Espiguette (Aigues-Mortes). Entre ces deux péninsules, le trait de côte se creuse, à l'ouest du phare de la Gacholle surtout. Au cœur de cette zone, l'avenir de l'agglomération des Saintes-Maries-de-la-Mer inquiète et la ville se protège derrière ses épis, digues et brise-lames…

## *Une gestion délicate*

Véritable barrière entre les eaux douces ou saumâtres de l'intérieur du delta et l'eau salée, la digue à la mer n'autorise les échanges mer-étangs qu'aux pertuis de la Comtesse, de Rousty et surtout de la Fourcade. Les enjeux de gestion de la digue sont multiples : l'eau autorisée à pénétrer au cœur du delta détermine l'exercice de la pêche (pénétration des poissons de mer) et de la conservation de la nature (diversité de la faune et de la flore des eaux saumâtres). Introduite en été, elle rehausserait le niveau de l'étang de Vaccarès diminuant sa capacité à faire transiter une grande crue automnale du Rhône. Une question anime donc bien des débats au sein d'une commission en charge de la gestion de cette digue : quand et combien de temps ouvrir les vannes ?

### Une colonie de 10 000 flamants

Espèce adaptée aux milieux lagunaires, le flamant rose nichait autrefois irrégulièrement en Camargue au gré des conditions hydrologiques. La stabilisation des niveaux d'eau dans les salins de Giraud et la création, en 1970, d'un îlot où des nids de boues furent modelés, fixa la colonie dans l'étang du Fangassier. Depuis, plus de 10 000 couples y pondent chaque année. C'est leur seul site de reproduction en France.

### Les limicoles

Ces oiseaux - étymologiquement « amateurs de vase » - nichent pour la plupart dans le grand nord et hivernent en Afrique. Bécasseaux, chevaliers, barges, courlis, pluviers trouvent dans les sansouires inondées de Camargue une halte idéale sur leur voie de migration. Le partage des ressources alimentaires est réglé par la longueur de leur bec et de leurs pattes.

# **La sansouire**, drôle de steppe

**Cette longue balade de bord de mer se déroule dans un paysage emblématique de la Camargue profondément marqué par le vent, le sel, le soleil. Dans des conditions très dures, la vie y explose au printemps.**

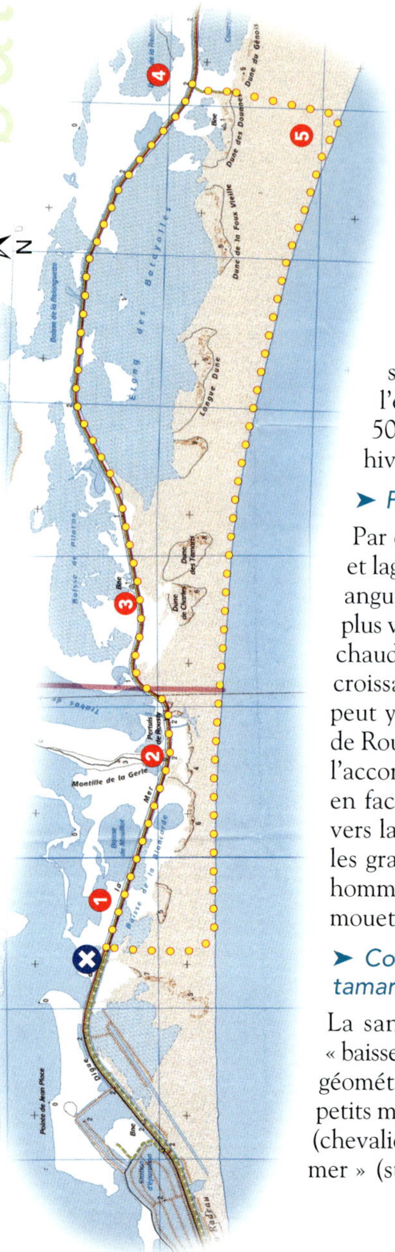


Carte IGN 2944 OT (▲ 1 cm=500 m)
© IGN Paris 2007

*➤ Passez la barrière métallique rouge et blanche et engagez-vous sur la digue à la mer ❶ (phare de la Gacholle à 8 km, entrée de la réserve à 1,5 km).*

Devant vous, une vaste steppe, la sansouire, composée de plantes rabougries, les salicornes, capables de croître dans des sols secs et sursalés l'été, inondés par la mer l'hiver. Ces plantes disposent de feuilles charnues stockant l'eau pour tempérer l'excès de sel dans l'organisme. Au nord, des « radeaux », îlots de sable autrefois instables, semblent flotter comme des mirages au milieu de l'étang de l'Impérial. Au sud, les dunes pourtant à 500 m du rivage, subissent les assauts des tempêtes hivernales qui menacent leur survie.

*➤ Poursuivez jusqu'au pertuis de Rousty ❷*

Par ces « graus », passages autrefois naturels entre mer et lagunes, circulent une foule de poissons (bar, daurade, anguille, sole, plie…), au printemps et à l'automne. Les plus visibles sont des mulets. Les lagunes, offrant des eaux chaudes et une nourriture abondante, sont des lieux de croissance recherchés. De véritables nurseries ! L'accès peut y être contrarié par l'ensablement des graus. Celui de Rousty fut recreusé et restauré en 1998 pour permettre l'accomplissement du cycle biologique des poissons tout en facilitant l'évacuation des eaux intérieures du delta vers la mer en cas d'inondation. Etroits et peu profonds, les graus étaient autrefois des lieux de pêche prisés des hommes. Ils le restent pour les oiseaux piscivores, hérons, mouettes, goélands…

*➤ Continuez sur la digue ensablée entre fourrés de tamaris et « buissons blancs » (Atriplex) ❸.*

La sansouire est trouée de dépressions argileuses, les « baisses ». Sèches en été, elles se fendent de mille crevasses géométriques. Remplies au printemps, elles conservent de petits monticules émergés, sites de nidification des limicoles (chevalier gambette, avocette, huîtrier-pie), « hirondelles de mer » (sternes pierregarin, caugek…), goélands.

Huîtrier-pie

➤ *A 2 km du phare de la Gacholle (nom donné aux vieux tamaris), bifurquez à droite sur le chemin traversant les dunes* ❹.

Ce passage « des douanes » fut un poste de surveillance aujourd'hui disparu. Notez le contraste entre la végétation diversifiée de l'arrière-dune (saladelles, euphorbes, salicornes...) installée sur des sables stabilisés, et celle, bien plus pauvre, de l'avant dune aux sables mobiles (oyat, chiendent).

➤ *Gagnez le rivage puis longez-le à droite jusqu'au parking des Saintes-Maries-de-la-Mer* ❺.

Au large, le golfe de Beauduc est un vaste vivier, poissonneux et peu profond où les échouages n'ont cessé de se multiplier depuis l'époque romaine. Sur la rive, d'autres échouages, de coquillages ceux-là, ponctuent le sable et attestent d'une belle diversité, en hiver surtout (tellines, turritelles, coques, mactres...). De quoi animer le long et sauvage retour au parking.

Sansouire basse

## Pratique

A Arles, gagnez les Saintes-Maries-de-la-Mer par la D 57. Traversez le village pour atteindre la côte. Tournez à gauche, longez la mer, et contournez le centre de thalassothérapie pour atteindre le parking.
Réserve naturelle gérée par la Société nationale de protection de la nature.
Tél. : 04 90 97 00 97

Le départ est à l'extrémité du parking que l'on remonte jusqu'au bout sur une piste.

Aucun dénivelé. Boucle de 17 km à ponctuer de baignades au retour. Une journée. Cette longue balade peut aussi s'effectuer en vélo tout terrain essentiellement de mai à septembre avec parfois le risque d'un retour pénible sur le sable.

Point de vue sur les environs offert par le toit de l'église des Saintes-Maries-de-la-Mer. A voir aussi à l'ouest, la tombe du marquis de Baroncelli, fondateur de l'identité camarguaise, et peu après, l'embouchure du petit Rhône.

# 2 **Autour du marais de Bourgogne,** du mas au marais

**Le siège du Parc naturel régional de Camargue, et la propriété voisine des marais de Bourgogne constituent un ancien domaine agricole où l'occupation du sol est déterminée par la topographie. Reliefs subtils qui déterminent la physionomie du paysage et l'exploitation des ressources naturelles.**

Jusqu'au XIII^e^ siècle environ, un bras du Rhône, dit d'Albaron, passe à Rousty. Le site est recherché pour la culture car, comme souvent en Camargue, les bourrelets alluviaux construits par le fleuve sur ses rives sont moins exposés aux crues et aux remontées de sel. Mais pour cultiver, il faut drainer. Qu'à cela ne tienne ! Un canal, dit de Rousty – du nom de l'ingénieur qui fit construire le pont – est creusé en 1543. Il évacue les eaux de la tête de Camargue vers l'étang de Vaccarès, point bas du delta, à travers les marais de Bourgogne, de Remoule et de la Grand Mar. Le système se complète en 1627 d'un canal d'irrigation (dit de la Triquette) aménagé dans l'ancien bras du Rhône dont il recueille les eaux sur le cours actif. Il se perfectionne au lendemain de la Seconde Guerre mondiale par l'installation de pompes financées par le Plan Marshall qui accroissent encore la maîtrise hydraulique.

### *Petit dénivelé mais grande influence*

Cependant, l'occupation du sol reste largement subordonnée à la topographie. Au plus haut des terres, sont implantés les bâtiments du mas du Grand Beaujeu appelé depuis le XVI^e^ siècle mas du Pont de Rousty. A peine quelques décimètres plus bas, les terres cultivées sont ensemencées de riz en alternance selon les années de blé, colza ou sorgho. Marche suivante imperceptible, la sansouire est une sorte de pré-salé, pâturage de taureaux et de chevaux, où les remontées de sel de la nappe phréatique sélectionnent une végétation en touffes composée de salicornes et autres plantes charnues.

Héron garde-bœuf sur poulain

## *Riz, chevaux, roseaux*

Au plus bas, les roselières du marais de Bourgogne, pratiquement au niveau de la mer, font partie de la grande ceinture marécageuse qui entoure le vaste étang du Vaccarès. C'est ici le domaine de nombreux animaux appréciant la vie en milieu d'eau douce (grenouille, ragondin, tortue cistude...). Véritable mas agricole géré par le Parc naturel régional de Camargue, le Pont de Rousty associe plusieurs activités traditionnelles offrant en toute saison un spectacle : observation printanière des petits poulains noirs blottis contre les juments blanches, miroir scintillant des rizières mises en eau fin avril, récolte du roseau pour les toitures en chaume, au cœur de l'hiver.

Cabane de gardian et « escalassoun » sur le sentier de Rousty

### Des haies contre les flamants

Pour éviter le piétinement des rizières par les flamants, l'effarouchement acoustique (canons) est très utilisé. Mais les oiseaux s'habituent. Le mieux est la conservation des haies car les flamants fréquentent peu les parcelles sans une grande visibilité. L'aide du Parc naturel régional à la plantation d'arbres concilie ainsi politique paysagère et intérêts agricoles.

### Des plantes invasives

La riziculture a introduit les graines de plantes adventices issues du monde entier (Amérique du sud, Asie) qui tendent à se répandre dans les rizières. Leur élimination par des herbicides est particulièrement délicate surtout quand elles sont biologiquement proches du riz comme les riz sauvages dits « crodo » sans intérêt économique.

# Moments **fébriles**

**Il faut longer les cultures, parfois les rizières en eau, puis traverser une steppe salée avant d'atteindre les marais de Bourgogne où règne en période de migration une frénésie animale. Un parcours aux paysages contrastés toujours en compagnie d'oiseaux.**

➤ *Quittez le parking et prenez à gauche en direction du canal que vous longez jusqu'à une station de pompage* ❶.

En face, le trop plein du canal d'irrigation de La Triquette murmure comme un torrent de montagne en se déversant dans celui de Rousty. Dans les fourrés, les rossignols montent la voix et les fauvettes polyglottes n'en finissent plus de s'expliquer tandis que sur le miroir des rizières résonnent le miaulement des mouettes mélanocéphales et les cris nasillards des sternes hansel.

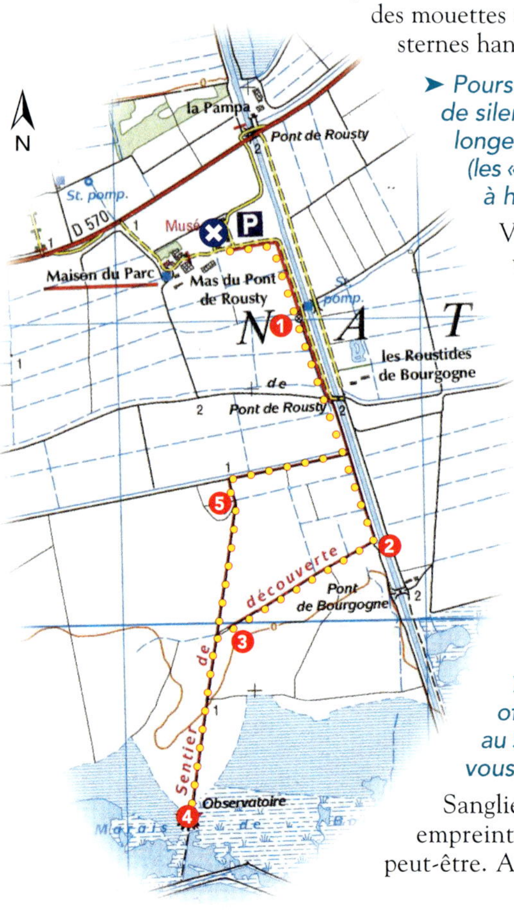




➤ *Poursuivez le long de la piste jusqu'à la zone de silence* ❷. *Une sente étroite y pénètre en longeant l'un de ces nombreux petits canaux (les « roubines ») où l'eau vient ici glouglouter à hauteur d'un vannage (« martelière »).*

Vous marchez alors sur l'herbe et sous la voûte des roseaux qui bordent à droite la roubine et vous longez les buissons de cornouillers sanguins aux rameaux rouge sang et aux floraisons blanches en mai. Ce foisonnement végétal est le royaume de la poule d'eau et de la rousserolle effarvatte, fauvette aquatique au babil dansant interminable qui grimpe souvent le long des tiges de roseaux et finit par offrir au regard sa livrée beige unie. Entre les tiges, elle tresse un petit nid d'herbes sèches où les coucous viennent parfois pondre et parasiter sa nichée.

➤ *Un peu plus loin, une plateforme* ❸ *offre un large panorama sur la sansouire au Sud et le marais à roseaux au Nord que vous gagnez par une piste de terre nue.*

Sangliers, renards, ragondins y laissent leurs empreintes, un héron cendré aux longs doigts peut-être. A gauche, un platelage vous entraîne au

Butor étoilé en train de s'étirer

cœur de la roselière où le chant sourd du Butor peut vous surprendre.

➤ *A peine plus loin, l'observatoire* ❹ *donne une vue magnifique sur le marais.*

En période migratoire, une multitude d'oiseaux d'eau s'y activent : grèbes, cormorans, mouettes, guifettes, sternes, aigrettes, hérons et canards… tous de plusieurs espèces. Les uns plongent, d'autres nagent, se toilettent, d'autres encore volent en tous sens ou longent méthodiquement les rives le regard fixé sur le plan d'eau en quête de nourriture. Joyeux ballet.

➤ *Faire demi-tour en direction d'une cabane de gardian reconstituée* ❺*, toit de chaume et abside tournée vers le mistral. A proximité, « l'escalassoun » (grand mât blanc) permettait la surveillance du troupeau.*

Sur le chemin qui traverse la sansouire, les guêpiers au plumage chatoyant vous rappellent les couleurs de l'Afrique. Consommateurs de gros insectes (libellules, bourdons…), ces migrateurs n'arrivent que tardivement pour nicher avant de rentrer en septembre dans les contrées plus chaudes.

Guêpier

# Pratique

D'Arles, prendre la direction des Saintes-Maries-de-la-Mer (D570). Après 5 km, tourner à gauche vers le musée camarguais. Stationner sur le parking. Site géré par le Parc naturel régional de Camargue. www.parc-camargue.fr

Le sentier démarre à la barrière, au bout du parking.

Environ 3,5 km. Comptez 2 heures de marche en terrain plat. Bottes recommandées après les pluies (passages herbeux ou boueux). A partir du printemps, prévoir gourde d'eau, répulsif anti-moustiques et chapeau. Jumelles indispensables pour l'observation des oiseaux.

Dans une ancienne bergerie restaurée, le musée de la Camargue, musée de société, expose la genèse du delta, ses paysages, l'histoire de sa colonisation par l'homme ainsi que les activités des populations qui s'y sont succédé jusqu'à nos jours. Tél. : 04 90 97 10 82.

# 3 Salin-de-Badon, porte ouverte sur le cœur du delta

**Salin-de-Badon est un sanctuaire de la nature qui ne le fut pas toujours. Un lieu chargé d'histoire trahi par son nom. Ici le marais prend d'assaut la terre et ne lui concède que des lambeaux. Patience et discrétion y réservent d'étonnantes observations.**

Pénétrer dans Salin-de-Badon, c'est un peu entrer en religion ou pour le moins dans une cathédrale. Le site impose le respect. Ses horizons immenses, le foisonnement de la faune, ce sentiment d'être à tout moment questionné par la vie renvoient le visiteur à l'histoire de la Création. Resterait-il sur ces terres ingrates quelque réminiscence de la foi qui attira par ici les moines cisterciens ?

## *Une ancienne saline*

Le salin de Badon est en effet installé à proximité de l'abbaye d'Ulmet, l'une des quatre abbayes de Camargue, qui à peine implantée, est abandonnée dès la fin du XII^e^ siècle. Tout près, sur un ancien « paty » (pâturage), la commune d'Arles aménage un salin en 1578, le revend à un saunier en l'an IV peu après la suppression de la gabelle. Au début du XIX^e^ siècle, il produit encore 16000 hl de sel/an, transportés à grands frais vers le Rhône au Fort de Pâques par charrettes, puis par bateaux vers Arles où il est transbordé avant de gagner la Côte d'Or via la Saône. « Rarement on a fait des envois pour Marseille et Toulon, jamais pour l'étranger, pour les grandes salaisons ni pour la fabrication des soudes artificielles » écrit l'ingénieur Poulle en 1823, laissant présager

Canard chipeau

une fin d'activité qui surviendra vers 1830. De ces bâtiments, réalisés en « pierre des Baux », un calcaire tendre encore exploité aux Baux-de-Provence, il reste quelques ruines, pareilles à un squelette poli par les eaux, dévoré par les tamaris, les figuiers et les filaires.

## *Une succession d'activités*

Pâturage, puis salin, temporairement haras (années 1750) tout en restant un salin, Badon connaît plusieurs reconversions. L'abondance des oiseaux d'eau y favorise, dès le XIXe siècle, une nouvelle vocation, la chasse. Le principal bâtiment est converti en rendez-vous. Sur le perron, au fronton orné de deux fusils, le grand photographe de Camargue, Carle Naudot, immortalise l'opulence du tableau de cinq compères et de leurs chiens, Cortal, Griffon, Setter… Le Labrador n'est pas encore de mode. Trophée témoignant d'une richesse biologique que consacre l'intégration du site à la réserve naturelle de Camargue en 1927. En 1985, la Société nationale de protection de la nature aménage le bâtiment principal en gîte d'accueil, en faisant un point de départ idéal pour découvrir les marais alentour sur des itinéraires aménagés ponctués d'observatoires. Le fusil a cédé la place aux jumelles et aux télescopes.

### La réserve nationale de Camargue

Elle naît en 1927 d'un conflit entre agriculteurs et saliniers, revendiquant les uns l'assèchement du Vaccarès, les autres son utilisation en lagune saumâtre. Ses 13 000 ha auront finalement pour vocation de conserver les paysages les plus emblématiques du delta du Rhône : lagunes, steppes salées (sansouires), dunes et plages. Au cœur, difficile d'accès, le bois des Rièges forme un milieu original, sec mais cerné de zones humides, couvert d'un maquis dense où poussent des genéviers de Phénicie pluricentenaires. Gérée par la Société nationale de protection de la nature depuis sa création, classée réserve naturelle par le ministère de l'environnement en 1975, elle est la propriété du Conservatoire du littoral depuis 2006. Flore et faune y sont d'une extrême diversité. Elle constitue aussi une étape majeure pour les petits échassiers en migration et accueille chaque hiver près de 70 000 canards et foulques.

Foulque macroule

Fronton du gîte

# Un refuge pour **oiseaux d'eau**

**Site protégé par la réserve nationale de Camargue, le salin de Badon permet d'observer une diversité d'oiseaux d'eau exceptionnelle. Un lieu pour apprendre à reconnaître quantité d'espèces mais aussi pour vivre la frénésie de milliers d'individus venus se reposer ou se nourrir.**

*➤ Du parking, passez sous les gros tamaris entre un petit bâtiment et un panneau « Réserve nationale de Camargue » ❶.*

Vous longez un canal (roubine) d'eau douce où une bande de carpes flegmatiques déambule. Deux passerelles de bois vous mènent à l'entrée d'une steppe salée (sansouire) doublée à l'arrière-plan de l'étang du Fournelet (600 ha), une annexe de l'immense Vaccarès (6 500 ha).

*➤ A la chicane suivante, prenez à droite « sentier des flamants » ❷. Une boucle débute. Longez une roubine puis bifurquez à gauche (nouvelle borne « sentier des flamants »).*

Vous pénétrez dans un vaste marais homogène, plus ou moins inondé où tamaris, joncs maritimes et salicornes signent la présence du sel. Au cœur de la végétation, le râle d'eau crie comme un cochon égorgé et la poule d'eau caquète quand ils ne coupent pas subrepticement le sentier d'un vol bref.

Carte IGN 3044 OT (1 cm=250 m)
© IGN Paris 2007

*➤ Franchissez une roubine puis une autre et traversez une petite sansouire en direction de l'observatoire des flamants ❸.*

Entre les touffes, bécassines et chevaliers contestent d'un cri d'envol votre passage. En fin d'été, dans la lagune face à l'observatoire, des dizaines d'échasses, d'avocettes, de courlis, de barges dorment ou sondent la vase de leur long bec, groupés par espèces, les pattes noires semblant ignorer les pattes rouges, les becs droits sans égard pour les courbes.

*➤ Quittez l'observatoire et poursuivez entre les tamaris inondés.*

Dans les roubines remplies d'eau, les gambusies, semblables à des alevins, guettent les moustiques. Des grenouilles bondissent ici et là. Autant de proies pour les hérons cendrés, pourprés et les aigrettes, à surprendre avant qu'ils ne vous surprennent.

*➤ Parvenu à une nouvelle chicane ❹, traversez la roubine pour atteindre l'observatoire des foulques ❺.*

Haut et panoramique, ce poste offre une vue exceptionnelle sur les marais de Badon et toute la frange Est de la réserve nationale. En face, le phare de la Gacholle à 6 km. A droite, les étangs à perte de vue, le Fournelet, la Dame, le Lion. Le coeur du delta est là. Cette

Capture d'un poisson-chat par un grand cormoran

immensité sous vos yeux joue un rôle capital pour l'hivernage de nombreux oiseaux d'eau en Europe, spécialement les canards. Par milliers, ils viennent, dès octobre, chercher la tranquillité au centre de la réserve, poussés par les premières vagues de froid. Période cruciale pour eux, qui doivent à la fois se constituer des réserves adipeuses pour regagner le Grand nord et dépenser beaucoup en parades afin de s'apparier au cœur de l'hiver ! Ils sont ainsi plus de 30 000 colverts, 10 000 souchets, 7000 siffleurs, 5000 chipeaux et sarcelles d'hiver dans toute la réserve.

➤ *Regagnez la chicane et longez le canal pour boucler la boucle.*

Sur le retour, une grande aigrette, une cigogne noire vous survoleront peut-être, un sanglier surgira du marais. La bouscarle toujours vous escortera de ses cris, lâchés comme une alarme de dessous les fourrés.

## Pratique

Depuis Arles, prendre la route des Saintes-Maries-de-la-Mer (D 570) puis la direction de Salin-de-Giraud. Après 4 km, bifurquer à droite vers Gageron que l'on traverse tout droit. Au carrefour suivant (Villeneuve), filer en direction de l'étang de Vaccarès et compter 5 km avant de stationner à gauche dans la Capelière où l'on prend l'autorisation et le plan d'accès au salin de Badon.
Réserve naturelle gérée par la Société nationale de protection de la nature. Tél. : 04 90 97 00 97

Le début du chemin se trouve au fond du parking au panneau « Réserve nationale de Camargue ».

Aucun dénivelé. Boucle de 3 km. 2 heures

Août/septembre est une excellente période pour voir les limicoles, novembre à février pour les canards, oies, cormorans...

# 4 Les marais du Vigueirat un oasis de biodiversité

**Les marais du Vigueirat, riches de plus de deux mille espèces végétales et animales, s'étendent sur une superficie de 1 000 hectares au cœur de la Camargue orientale. Ils se situent à la jonction de deux écosystèmes remarquables : le delta du Rhône et la plaine de la Crau.**

Vent dans les roseaux, clapotis de l'eau, symphonie des grenouilles, sifflets des oiseaux, caquettement des grands hérons et cigognes, bourdonnement des insectes, frou-frou des ailes de libellules… Si vous savez fermer les yeux, vous vous enivrerez de la magie musicale des marais du Vigueirat.

## *Douce lumière de la Camargue*

Les marais du Vigueirat présentent une palette de milieux naturels humides caractéristiques du delta du Rhône, un vaste ensemble de marais d'eau douce et la plus grande roselière protégée de Camargue. Les prairies pâturées témoignent de la présence de quatre manades de 350 taureaux et de 50 chevaux de Camargue. Des zones ouvertes plus salées appelées sansouires jusqu'aux bois humides, les paysages sont baignés de la lumière douce et chaude de la Camargue.

## *Bouquet floral des marais*

Près de 600 espèces végétales ont été recensées, dont 99 rares ou menacées en Provence-Alpes-Côte d'Azur. La gesse des marais a été identifiée récemment. Au printemps, des fleurs multicolores égayent le site. Les nivéoles d'été ouvrent leurs fleurs blanches, les renoncules aquatiques s'épanouissent, les iris jaunes et les iris maritimes violets s'étalent. Dans les zones plus salées, les plantes halophiles (aimant le sel) colonisent le sol : salicornes rouges à l'automne, inules, obiones, saladelles mauves et asters maritimes constituent les sansouires, bordées de tamaris. Dans les prairies, l'eau douce et le passage des animaux favorisent la formation des scirpes et des joncs.

## *Un cocktail de vie*

Avec 283 espèces d'oiseaux observées, dont 83 nicheuses et toutes les espèces de hérons d'Europe, le site accueille près de 60 % des espèces françaises. On compte jusqu'à 35 000 canards en hiver : sarcelle, colvert, souchet, nette rousse, fuligule, foulque macroule... En Camargue, le Vigueirat est parmi les espaces les plus riches en biodiversité et revêt une importance internationale ou communautaire pour 15 espèces d'oiseaux. Dès le début du printemps, les premiers migrateurs viennent se reproduire comme le milan noir, l'échasse blanche, le héron pourpré, ainsi que, chose exceptionnelle, les oies cendrées (18 couples nicheurs et près de 500 individus hivernants en 2003). Les insectes pullulent, avec 661 espèces de papillons et 41 espèces de libellules. La rainette méridionale, la tortue cistude et six espèces de couleuvres glissent dans l'eau au milieu des poissons.

### Au Moyen Age

A l'époque médiévale, les marais du Vigueirat se trouvaient au cœur de la plaine deltaïque, régulièrement inondée par les crues du Rhône et source de paludisme. Au XVIIe siècle, de grands travaux de drainage et d'endiguement du delta du Rhône ont commencé afin d'assainir et de "poldériser" les marais de Tarascon et d'Arles sur le modèle hollandais.

### Un centre d'écologie appliquée

Afin de réduire au maximum son impact sur l'environnement, le site a réhabilité ses bâtiments au niveau de l'eau, de l'énergie et des déchets ; un sentier pédagogique présentera bientôt au visiteur les gestes utiles pour devenir à son tour éco-responsable.

### Petits chanteurs des marais

Pour séduire les femelles, les passereaux rivalisent de virtuosité tout au long du printemps : luscinioles en mars, panures à moustache et bruants des roseaux en avril, locustelles et rousseroles en mai et juin.

Bruant des roseaux

# Les sentiers de l'Etourneau

**Les sentiers de l'Etourneau, sur la partie nord du site, regroupent le sentier des Cabanes spécialement aménagé pour les enfants et la boucle de la Palunette, riche d'une grande diversité d'habitats.**

➤ *Le Sentier de la Palunette : à l'entrée de la boucle ❶, prenez à droite sur les pilotis. Le sentier vous mène derrière l'ancienne bergerie, puis remonte à gauche vers le canal du Vigueirat ❷.*

Le soleil filtre à travers les grands frênes, saules et ormes de la ripisylve (végétation qui borde les cours d'eaux), abritant de nombreux hérons arboricoles, crabiers chevelus, aigrettes garzette et bihoreaux gris qui nichent dans les branches entre avril et août. Ce milieu foisonne de vie avec, çà et là, les traces de passages de ragondins, de sangliers et de renards. Les hérons pourprés préfèrent les roselières tout comme les cigognes qui se nourrissent de grenouilles, écrevisses, couleuvres… et nichent en lisière du bois. Deux colonies de chauves-souris pipistrelle ont été localisées.

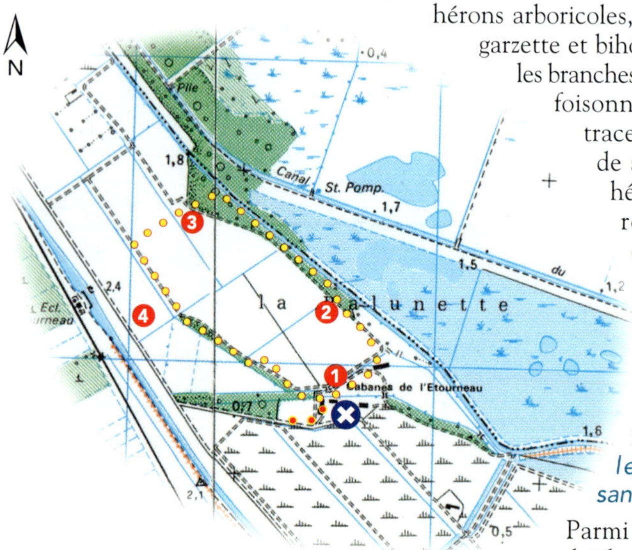




➤ *Traversez ensuite les marais, prairies et sansouires ❸.*

Parmi les fauvettes, la rousserole turdoïde s'annonce par son chant percutant. Les hérons garde-bœufs côtoient les chevaux de Camargue… Une musique de cloches signale quelques taureaux qui pâturent tout près. Les guêpiers d'Europe tournoient au-dessus des têtes ou plongent vers leur nid creusé à même une paroi meuble. Leur colonie regroupe ici 130 couples.

De nombreux rapaces chassent leurs proies : busard des roseaux, milan noir, aigle botté et aigle criard.

➤ *Un peu plus loin traversez un bois humide.*

Les troncs révèlent la présence de pics verts. Le lierre et l'aubépine sont luxuriants et offrent autant de petites cachettes aux nombreux passereaux.

Sentier des Cabanes vu du ciel, entre bois et marais

➤ *Retour sur les pontons et au cœur des marais* ❹.

Les pieds sur l'eau, c'est l'endroit idéal pour observer la faune et la flore des marais autrefois exploités pour la riziculture et la pisciculture. Libellules écarlates et cordulies à corps fin, espèce rare et protégée, volètent au-dessus de l'eau.

Avant de revenir à l'accueil, parcourez le sentier des Cabanes, espace ludique agrémenté de cabanes interactives et pédagogiques conçues pour les enfants de 6 à 12 ans.

# Pratique

Depuis Arles, prenez la N 113 direction Marseille, puis la N 568 direction Fos-sur-Mer et ensuite la D 24 vers Mas-Thibert. Tournez à gauche et traversez le village et tournez à gauche en direction des marais du Vigueirat. Au bout d'une piste de 2,5 km, garez-vous au domaine.

Libres et gratuits, les sentiers de l'Etourneau commencent derrière la boutique, ils sont accessibles du lever au coucher du soleil.

Comptez 2 h pour suivre le sentier de 3 km de la Palunette, et une demi-heure pour le sentier des Cabanes (500 m).

Les mois d'avril à juin sont les plus propices pour la découverte de la diversité écologique et l'observation des oiseaux, des fleurs et des plantes des marais.

Vous trouverez plusieurs observatoires et miradors, ainsi qu'une caméra vidéo pointée sur un nid de cigognes.

Des visites guidées et une visite en calèche sont également possibles. Certains sentiers sont accessibles aux personnes à mobilité réduite.

Ouverture tous les jours de 9 h 30 à 17 h, fermeture annuelle du 1er décembre au 31 janvier.

Tél. : 04 90 98 70 91

www.marais-vigueirat.reserves-naturelles.org

# 5 **La Palissade,** confins de la terre, de la mer et du Rhône

**Dans ce site excentré du delta du Rhône, là où le fleuve rejoint la Méditerranée, vous êtes nulle part et partout à la fois, car la Palissade est un condensé des paysages camarguais. Il y fait bon divaguer sur des pistes sinueuses et sauvages dans un monde peu marqué par l'empreinte des activités humaines.**

Le domaine de la Palissade témoigne tôt de la volonté de protéger par la maîtrise foncière les richesses naturelles du delta du Rhône. En 1977, un an après sa création, le Conservatoire du littoral achète ces 700 ha à l'embouchure du grand Rhône. Ce sera l'une de ses premières acquisitions en France et la première en Camargue.

## *Ultimes divagations*

Jusqu'aux travaux d'endiguement achevés en 1876, le Rhône s'ouvrait sur la mer par trois bras dits « graus » du Levant, de Roustan et de Piémanson. Entre ces ramifications, deux vastes îles couvertes de sansouires et de dunes, semées de lagunes. Un univers entre terre et eau, fleuve et mer, sel et ciel. Le Rhône y coule libre de toutes contraintes. Pas de digue. Le fleuve retrouve son droit à la divagation après des centaines de kilomètres de carcan. Le temps de déposer les sables arrachés sur sa route et de constituer un solide bourrelet (la « barre ») en travers de son cours comme une ultime expiration avant de se noyer en mer. Ce delta dans le delta est rebelle à tout aménagement y compris celui d'en chenaliser l'un des bras pour faciliter la navigation en barrant les deux autres par des « palissades ». Leçon comprise, il faudra creuser le canal de St–Louis pour s'échapper du fleuve et offrir aux grosses péniches l'accès à la Méditerranée.

Pêche d'aigrette

## *Un coin de paradis*

Peu accessible, morcelée en plusieurs propriétés, l'île prise entre les bras de Piémanson et de Roustan est en grande partie achetée par Edmond Canaple en 1908. Ce riche négociant de Marseille s'offre un petit paradis, pour ses loisirs. Il y fait construire une demeure au style hispano-mauresque et y aménage un petit quai sur le Rhône. Accès en bateau oblige. Quarante ans plus tard, l'ensemble est repris par un autre marseillais, M. Olive, qui s'adonne à la chasse dans ces marais foisonnant de canards. Jusqu'en 1963, aucune route n'en desservira l'accès. Protégé de fait, peu aménagé, étoffé par ses propriétaires comme M. Olive qui échange des marais avec les Salins du Midi, le domaine garde jusqu'à son acquisition par le Conservatoire du littoral une sauvagerie authentique.

## *Toute la Camargue*

Dunes, lagunes, sansouires y attestent de l'influence de la mer et les marais à roseaux, les forêts de frênes, les bras morts et les pelouses de celle du fleuve. Cette mosaïque de milieux naturels héberge une flore et une faune très diversifiées : 250 espèces de plantes, 245 d'oiseaux, 59 de poissons. De nombreux oiseaux migrateurs, oiseaux d'eau mais aussi petits passereaux, y trouvent, à l'automne, une dernière halte avant l'Afrique et, au printemps, un havre de paix bienvenu après la grande traversée de la Méditerranée. Dans ces terres bouillonnantes de vie, aux limites incertaines, le naturaliste peut assouvir sa faim d'observations, sa soif de liberté.

### Le caleun

Ce filet du type « carrelet » n'est plus guère utilisé en Méditerranée. Celui tendu dans le canal de la Grande Palun est l'un des derniers. Posé au fond, relevé régulièrement par cinq treuils, il permet la capture des poissons qui circulent entre le Rhône et l'étang : bars (« loups »), mulets, anguilles, carpes, athérines (« joels »)...

### Une « barre » avant la mer

Au moment de pénétrer en mer, à hauteur de Port-St-Louis, le Rhône perd de sa puissance et dépose ses sédiments les plus fins que les nombreux barrages n'ont pas retenu sur son cours moyen. C'est là, sur cette « barre » où la nourriture abonde que vivent de nombreux poissons d'estuaire : plies, daurades, soles... La pêche sur ces hauts fonds est recherchée mais la navigation dangereuse.

# La Camargue sous **l'influence du Rhône**

**Territoire idéal pour décrypter, dans la mosaïque des formations végétales, un paysage laguno-marin de 700 ha profondément marqué par la présence du fleuve. Ici tout paraît plat et pourtant quelques dizaines de centimètres d'élévation transforment les conditions de vie.**

➤ *Engagez-vous plein sud sur la piste empierrée parallèle au Rhône.*

A la première barrière ❶, un petit pont permet d'accéder à l'ancien « grau de Piémanson » qui s'étend jusqu'à la prairie. Il ne reste de cet ancien bras du fleuve, aujourd'hui largement comblé, que la « roubine » où s'accumulent les bois flottés du Rhône.

➤ *La piste traverse une steppe à salicornes (sansouire) puis débouche sur une verte prairie ❷.*

Verdeur bienfaitrice de la crue nourricière qui voit cette « pelouse » peu exposée au sel rayonner au printemps du jaune des renoncules sardes et du rose des petites centaurées. Pipits et alouettes y trottinent hardiment en quête de larves et de menus insectes.

➤ *Bifurquez à droite vers l'observatoire de la Baisse claire ❸.*

De cette cache, vous découvrez la lagune où plongent foulques et grèbes huppés, qui émergent en surface comme des bouchons l'une avec une herbe au bec, l'autre un menu fretin.

➤ *Poursuivez le chemin jusqu'à un carrefour où vous prenez à droite... par la chicane si les clôtures des chevaux sont fermées ❹.*

Vous errez entre deux mondes. A gauche, le marais saumâtre fermé à joncs et salicornes, domaine des petits passereaux (bruant des roseaux, cisticole, bergeronnette printanière), et à droite le plan d'eau ourlé de roseaux où s'ébattent colverts, poules d'eau, cygnes. Progressivement,

Tamariçaie inondée

le sol se fait sableux. Rien d'étonnant. Vous avez quitté le monde fluvial pour le monde maritime, et vous vous élevez à peine maintenant sur la dune d'un ancien rivage marin. L'alysson, l'euphorbe, le panicaut (chardon), la camomille enchantent ce nouvel univers où jaillit, en été, la corolle lumineuse du lis des sables. Les sangliers taillent ici des saignées, vite colonisées par les plantains cornes-de-cerf aux feuilles bien nommées. L'eau douce n'est pas loin, pour preuve la présence de l'orme sur la rive de l'étang de la Grande Palun abreuvé par le Rhône.

➤ *Nouvel observatoire* **5** *plein de promesses de canards au temps de la migration. Poursuivez jusqu'à la piste empierrée.*

Prenez à droite vers un petit canal. Cette voie de communication entre fleuve et étang est appréciée : les poissons y fuient les crues ou y cherchent l'eau fraîche, invertébrés et graines venus du fleuve y dérivent. D'ailleurs les berges du canal sont étouffées par un arbuste américain, le baccharis, introduit en France au XVIIe siècle mais récemment apparu en Camargue. Un pêcheur professionnel pêche ici mulets et loups lors de leurs déplacements.

➤ **6** *Faites demi-tour et restez sur la piste empierrée jusqu'au bout.*

A main droite, un bois de frênes tente de cacher le large lit du fleuve et au-delà Port St Louis. Les houppiers s'y couvrent de nids de hérons cendrés, d'aigrettes et de garde-boeufs dont les silhouettes se détachent sur le ciel au printemps comme autant de sentinelles veillant sur la féerie du lieu.

## Pratique

A Arles, prendre la direction des Saintes Maries-de-la-mer (D 570) et peu après celle de Salin-de-Giraud (D 36). Après 33 km, traverser le bourg et poursuivre encore pendant 8 km. Pénétrer dans le domaine à gauche. Site géré par le Syndicat mixte du domaine de La Palissade.
Tél. : 04 42 86 81 28, www.palissade.fr

La balade commence au parking après un passage par le bâtiment d'accueil (droit d'entrée 3 €)

Comptez trois heures trente et 8 km pour le grand parcours de la Palun mais des boucles plus courtes (1,5 km, 3 km et 7 km) sont possibles dans le domaine, notamment au nord vers la grande tour d'observation du Clos d'Argent. Aucun dénivelé significatif.

Découvrez en petit train, l'atmosphère unique du salin de Giraud et ses « tables saunantes » roses de sel en été ainsi que l'impressionnante « montagne de sel » à 6 km au Nord de la Palissade.
OT Salin de Giraud, tél. : 04 42 86 89 77

# *Étang de Berre*

Sur les rives du plus grand étang salé d'Europe, entre raffineries et zones urbaines, existe un réseau de sites naturels étonnants : forêts, embouchures de rivières, salines, étangs périphériques. Contraste frappant de ces recoins où la nature se débat dans un environnement hostile pour préserver ou retrouver ses droits, au plus grand plaisir de nombreux oiseaux qui trouvent ici un prolongement des zones humides camarguaises.

Le Conservatoire du littoral a engagé un travail de longue haleine pour préserver ces espaces inestimables et aider la nature à retrouver un équilibre parfois fortement fragilisé.

# 6 La poudrerie de Saint-Chamas, une histoire d'hommes et de nature

**Récupérer un terrain militaire truffé de bâtiments délabrés et de débris épars pour en faire un lieu de découverte ouvert au public, le pari semblait osé. C'est pourtant la gageure entreprise par le Conservatoire du littoral depuis 2000, lorsque l'Armée lui cède l'ancienne poudrerie de Saint-Chamas.**

L'histoire débute en 1690, lorsqu'une décision royale ordonne la construction d'une fabrique de poudre à canon à Saint-Chamas. Dès lors, la poudrerie ne cessera de se développer, passant de 2,5 hectares de surface initiale à 135 hectares en 1917. Moulins, canaux, réservoirs, séries d'ateliers, digues de retenue pour gagner du terrain sur l'étang de Berre et même centrale hydroélectrique seront peu à peu bâtis. Après plusieurs accidents dont deux graves (1936 et 1940) et une période de moindre activité, ce pôle d'industrie militaire ferme ses portes en 1974. Au démantèlement des usines et à la dépollution des sols succèderont plus de 25 ans d'abandon.

## *Reconquête*

La flore et la faune, livrées à elles-mêmes, se lancent alors dans une recolonisation aussi rapide que spectaculaire. Plantes locales et exotiques introduites par le personnel de la poudrerie se mêlent sur ce secteur délaissé par les hommes. Il en résulte une forêt humide où les essences naturelles, comme les érables et les peupliers, côtoient des arbres exogènes, tels les cyprès chauves – l'arbre du poudrier qui était censé amoindrir le souffle des explosions –, les séquoias ou les aulnes glutineux. La nuit, les sangliers hantent les allées et se font parfois prendre au piège des anciens bassins dont ils ne peuvent s'échapper. Quant aux oiseaux, de la ripisylve à la roselière qui leur est réservée, de la forêt aux garrigues et aux pinèdes des zones sèches, ils se sont approprié ce territoire varié redevenu sauvage depuis longtemps.

La tour de Safre

## *Un extraordinaire patrimoine architectural, historique et naturel*

En partie réaménagée et sécurisée, l'ancienne poudrerie présente des paysages étranges d'où se dégagent des ambiances tantôt baroques tantôt romantiques. Un moulin en ruine recouvert de lierre, une mystérieuse tour creusée dans la falaise, un transformateur éléctrique abandonné au cœur d'un bosquet de peupliers...

C'est en cela que le site est unique. Nulle part ailleurs le patrimoine humain, avec son monument aux morts, ses ateliers, sa vieille chapelle ou son réseau hydraulique, ne s'est retrouvé ainsi pénétré par le milieu naturel en pleine renaissance. Un monde surprenant et attachant qui s'entrouvre chaque année un peu plus grâce au dynamisme du personnel sur place bien décidé à permettre au plus grand nombre d'accéder à ces richesses entremêlées.

Martin-pêcheur

### L'explosion de 1936

Le 16 novembre 1936, l'enfer se répand sur tout le site de production. Une énorme explosion projette un souffle dévastateur sur la poudrerie et les villages alentour. Des vitres volent en éclats à trente kilomètres de là ! Le bilan sera très lourd : 53 morts, dont le directeur, plus de 200 blessés. Le souvenir de cet accident dramatique reste ancré dans la population locale, car la majorité des victimes étaient des habitants de Saint-Chamas.

### Les premières cigognes

Pour la première fois en 2006 et 2007, un couple de cigognes baguées a niché sur le site. Deux petits sont nés. L'espoir de voir au printemps prochain le retour de ces échassiers en plus grand nombre est fort. Le nombre de 130 espèces d'oiseaux recensées va-t-il peu à peu s'élever ?

balade

# Fantaisie naturelle
## sur friche industrielle

**Pour une fois, bien qu'involontairement, les hommes ont favorisé une incroyable diversité naturelle, un foisonnement de vie, sur un lieu jadis destiné à une œuvre de destruction. Pour s'en rendre compte, la visite s'impose !**

➤ *Engagez-vous sur la piste rectiligne qui longe la zone mise en réserve au bord de la baie de Saint-Chamas. Délaissez les deux voies sur votre droite, gagnez l'ancien transformateur aménagé et montez les escaliers jusqu'à la terrasse* ❶.

Vous vous trouvez sur un observatoire offrant un point de vue sur l'étang et la roselière. Rolliers, martins-pêcheurs aux couleurs vives et busards des roseaux séjournent sur ce secteur. Profitant de la quiétude diurne de ce milieu humide, remerciant sans doute les militaires d'avoir bâti les digues aujourd'hui recouvertes de tamaris, les sangliers y sommeillent aussi à l'écart des visiteurs. A l'heure des festins vespéraux, seuls propriétaires des lieux, ils se glissent sous les ganivelles, tels les ragondins, pour rejoindre la forêt. Remarquez d'ailleurs les nombreuses coulées sous la clôture !

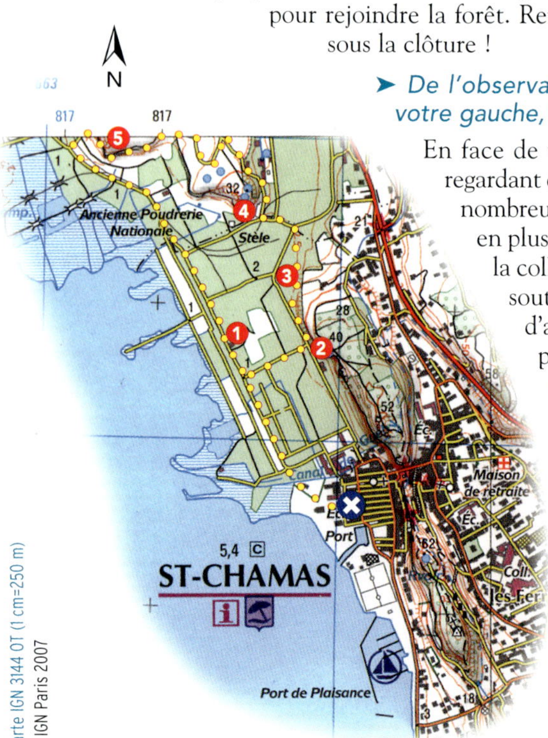


Carte IGN 3144 OT (1 cm=250 m)


➤ *De l'observatoire, revenez sur vos pas et prenez, à votre gauche, la voie des séchoirs.*

En face de vous s'élève une falaise de safre ❷. En y regardant de plus près, vous remarquerez l'existence de nombreuses ouvertures percées par l'homme. En fait, en plus de la tour principale qui s'adosse à la paroi, la colline abrite un canal d'irrigation, des galeries souterraines, des abris pour les ouvriers en cas d'accident. Bref, c'est un véritable gruyère ! Au pied de la falaise, jadis alimentée en eau par une rampe issue du canal souterrain, résiste un ultime moulin à poudre daté de 1862. Il y avait autrefois 8 rampes, 8 aqueducs et 8 moulins.

➤ *Longez la falaise sur votre gauche puis prenez à droite le sentier aménagé qui fait le tour du petit marais* ❸.

La cascade n'a rien de naturel. Il s'agit de la surverse du canal souterrain. Quant au marais, il serait le fruit d'un patient aménagement. En effet, la végétation exotique tout autour proviendrait d'une tradition mise en place par les officiers : offrir aux épouses des directeurs successifs des plantes provenant de pays lointains. On y trouve des séquoias,

des gingkos biloba, des féviers d'Amérique, des ormes du Caucase, des cèdres de l'Atlas, des pins laricio, un if, des bambous, des yuccas, un véritable inventaire à la Prévert qui laisse pantois !

➤ *Vous arrivez devant la clôture de la zone technique. Continuez tout droit puis prenez à droite en direction de la vigie. Au passage, notez sur votre gauche le monument et la sculpture contemporaine dédiés aux victimes des explosions de 1936 et 1940.*

En montant vers la vigie ❹, notez la présence des bassins et des stations de pompage de l'ancien système anti-incendie. L'eau est omniprésente sur le secteur bas de la poudrerie puisque celui-ci a été en partie gagné sur l'étang par des remblais. Un complexe réseau hydraulique existe encore, l'humidité qui en résulte est à la base de la formation de la forêt hygrophile locale.
Mais autour de la vigie ❺, place à la colline sèche méditerranéenne, avec ses orchidées, ses cistes ou ses pistachiers ! C'est un autre monde, et du poste d'observation d'où le panorama est grandiose, on prend parfaitement conscience de la variété des écosystèmes présents. Comment ne pas être admiratif devant la faconde d'une nature autrefois si peu présente à la fabrique de poudre ?

➤ *Poursuivez le chemin qui ramène au bord de la roselière. Gardez la piste pour revenir au point de départ.*

# Pratique

Saint-Chamas, au bord de l'étang de Berre, est facilement accessible en voiture par la D 10, par autocar (Cars "13" tél. : 04 90 53 06 79) ou par train (gare SNCF de Saint-Chamas et Miramas) .

Parking aux abords du port. Entrée du site par le portail.

3 heures de visite sur des chemins faciles accessibles à tous.
Le parc de la Poudrerie est ouvert les mercredi de 14 à 17 h et les 1ers et 3e dimanches de chaque mois de 10 à 17h (horaires susceptibles de modification). Des visites en groupes sont possibles sur réservation. Le site est fermé l'été en raison des risques d'incendie.
Tél. : 04 90 58 27 93

A voir dans les environs : le village de Miramas-le-Vieux, perché sur son promontoire, avec son castrum et la chapelle Saint-Julien, chef d'oeuvre de l'art roman provençal du XIIème siècle.

# 7 Collines de Cadéraou-Figuerolles, derniers espaces forestiers littoraux

**Dans le contexte fortement urbanisé de l'étang de Berre, les collines boisées qui s'étendent autour du charmant village de Saint-Mitre-les-Remparts font figure de refuge naturel.**

Sur 410 hectares se succèdent en effet des peuplements de pins d'Alep, des taillis de chênes verts, des garrigues de chênes kermès et même, traces d'un passé agricole pas si lointain, quelques pieds d'oliviers issus de rejets d'arbres gelés en février 1956. Epargnés par les promoteurs, à deux pas de la ville de Martigues, ces espaces abritent les plus vastes forêts des rives de l'étang de Berre. Comme une sorte de poumon vert qu'il convient désormais de sauvegarder.

## *Une priorité : la lutte contre les incendies*

Pour maintenir intact ce secteur, la commune de Saint-Mitre-les-Remparts, gestionnaire du site, a confié à l'ONF la lourde tâche de protéger les collines des risques d'incendie. Entretien de zones coupe-feu obtenues par un déboisement total, accords avec un éleveur de moutons pour pâturer les parcelles embroussaillées, remise en état de restanques ou de champs labourés, autant d'actions qui n'ont d'autre but que d'assurer la pérennité des forêts. Mais attention, maintenir les surfaces boisées ne signifie pas pour autant délaisser toute recherche qualitative. Car si les pinèdes dominent actuellement les peuplements forestiers, le second objectif des techniciens est bien de varier davantage les essences afin de reconstituer un écosystème de forêt méditerranéenne typique.

## *Un coin de paradis pour les passereaux*

Mêler les espèces végétales, favoriser les feuillus tels que les chênes verts, c'est une façon indirecte mais efficace d'accroître la richesse biologique du site. Les passereaux sont à ce titre un indicateur de premier ordre. De plus en plus, les collines accueillent en hiver des frugivores, comme la grive musicienne ou des granivores comme le geai des chênes, le pinson des bois. Des sédentaires, à l'instar de la petite fauvette pitchou, et des migrateurs tels la tourterelle ou le circaète Jean-le-blanc, le mangeur de serpents, sont également des hôtes coutumiers. Ainsi le temps s'écoule et transforme sans cesse les paysages : longtemps cultivées par les populations locales, comme le rappellent les nombreuses ruines dispersées sur le territoire, ces collines sauvages, après une période d'abandon presque total, s'orientent vers une nouvelle vocation, celle d'un sanctuaire forestier au cœur d'un univers urbanisé.

Fauvette pitchou

### Des fossiles par milliers

Ce secteur possède la particularité de receler dans son sous-sol des fossiles en grand nombre. Nous rappelant que la mer recouvrait naguère toute cette zone, jusqu'il y a une quarantaine de millions d'années, huîtres et bivalves variés se découvrent aisément surtout dans la partie nord des collines. Mais n'oubliez pas que tout acte de prélèvement est interdit !

### Le myrte

Arbuste sempervirent à la longévité exceptionnelle, le myrte a sans doute été introduit par l'homme pour ses vertus thérapeutiques. Il en demeure quelques pieds peu visibles, disséminés sur les versants méridionaux des collines.

Coucher de soleil sur l'étang de Berre

balade

# Balade dans **les collines**

**Des chemins qui se faufilent dans les collines, des sentiers peu parcourus, une plage de bout du monde composée de monceaux de coquillages, le tout pour un itinéraire dédié aux amoureux de tranquillité !**

➤ *Un sentier débute derrière les dernières maisons et suit un moment les rives de l'étang avant de serpenter la colline.*

Genévriers, lavandes, romarins, cistes et chênes kermès composent la garrigue autour de vous. Les pins d'Alep, omniprésents, s'accrochent sur ces sols arides.

➤ *Lorsque vous arrivez devant le grand mur de pierre, longez-le vers la gauche* ❶.

La vue sur l'étang de Berre, par-delà la cime des pins en contrebas, est particulièrement belle. Aucune installation pétro-chimique ne vient perturber l'harmonie du paysage dans cette direction ! Au nord, vous apercevez la chaîne des Alpilles.

➤ *Vous arrivez à un important carrefour. Il vous faut prendre le chemin sur votre gauche, mais auparavant, faites un détour sur le sentier en face de vous* ❷.

Au bout de quelques mètres seulement, vous découvrirez une colonie d'huîtres fossilisées en parfait état. La butte est entièrement constituée de ces mollusques de plusieurs dizaines de millions d'années !

➤ *Laissez un sentier balisé qui part sur votre droite puis prenez sur la gauche un chemin qui remonte bientôt* ❸.

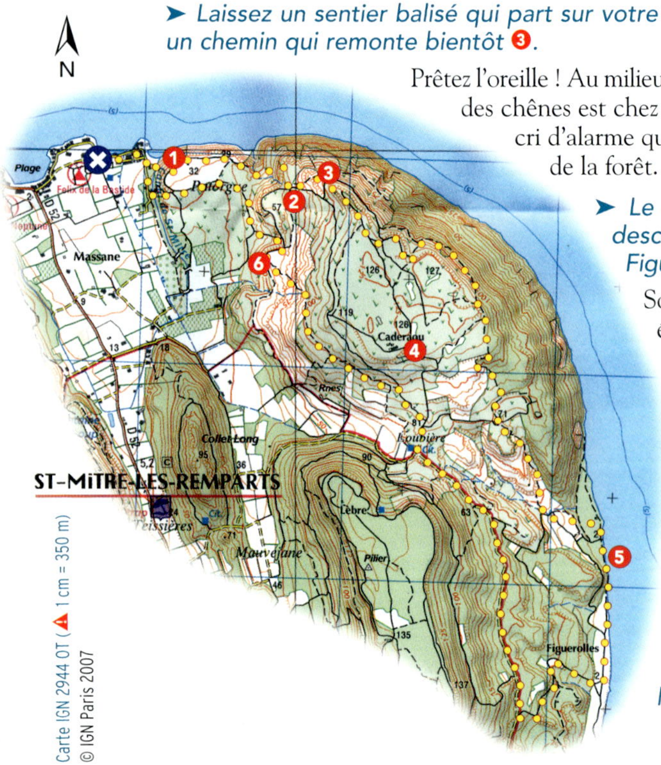


Carte IGN 2944 OT (1 cm = 350 m)
© IGN Paris 2007

Prêtez l'oreille ! Au milieu des bosquets de chênes verts, le geai des chênes est chez lui. Vous entendrez sans doute son cri d'alarme qui lui vaut son surnom de gendarme de la forêt.

➤ *Le chemin se rétrécit et entame la descente en direction de la plage de Figuerolles.*

Sol fragile, érosion rapide, végétation éparse caractérisent la zone que vous traversez désormais. N'aggravez pas les phénomènes érosifs en coupant les lacets du sentier ! Observez également les ruines sur votre droite ❹ ; il s'agit de bâtisses agricoles, souvenirs du temps où les collines étaient cultivées et produisaient des olives, des céréales et du vin.

➤ *Après la traversée d'une agréable clairière, vous finissez par rejoindre la plage* ❺.

Joncs piquants et tamaris élèvent un rempart contre les embruns salés venus de l'étang. Mais si vous êtes sur la plage, vous comprendrez qu'ils ne forment pas les seules défenses de la rive ! D'importants dépôts coquillés s'amassent contre la berge, assurant une protection efficace du trait de côte. La majeure partie de ces apports – un véritable trésor pour les enfants qui collectionnent les coquillages !

➤ *Remarquez le départ de la piste au centre de la vaste clairière en retrait de la côte. Elle rejoint un important chemin qui vous conduit au replat de Loubière et à sa citerne. 100 m après celle-ci, engagez-vous sur un chemin non balisé sur votre gauche. En longeant des champs cultivés, vous rejoignez une nouvelle piste : prenez à droite, puis à gauche au croisement suivant* ❻.

Quelques traces de l'incendie de 1993, heureusement peu important, sont encore visibles autour de vous. Notez la présence de restanques rénovées et de parcelles reboisées avec des chênes verts ou des érables de Montpellier.

➤ *Franchissez une barrière et retrouvez le parking.*

## Pratique

Depuis la D5 à Saint-Mitre-les-Remparts, prendre la petite route de Varage, la suivre jusqu'au terminus au bord de l'étang. Parking sur la petite place Jacques-Yves Cousteau.

Compter 3 à 4 heures pour l'ensemble du circuit. Prévoyez des chaussures de marche et de l'eau.

Accès interdit du 1er juillet au second samedi de septembre.

Au retour, faites une pause au vieux village de Saint-Mitre-les-Remparts !

Sur le sentier des collines

# 8 Petite Camargue, histoires d'eaux

**Certains joyaux se découvrent là où on ne les espérait pas. Coincée entre l'étang de Berre, la ville de Saint-Chamas et la centrale hydroélectrique d'EDF, la Petite Camargue est une de ces perles oubliées... Le secret d'une telle richesse ? L'alchimie des eaux douces et saumâtres.**

Que ce soit en janvier, en pleine période d'hivernage, ou au printemps, lors de la nidification, les oiseaux se relaient toute l'année sur ce site de 85 hectares. Les ornithologues y ont recensé plus de 210 espèces. Si le nombre d'individus n'est pas forcément important au vu de la surface concernée, la diversité des espèces se justifie cependant par la variété des biotopes rencontrés.

## *Les jeux de l'homme et de l'eau*

L'homme a joué un rôle non négligeable, quoiqu'involontaire parfois, dans la création ou le maintien de ces différents milieux naturels. Les prairies humides sont ainsi arrosées par des canaux d'irrigation pluriséculaires qui captent l'eau de la Durance loin en amont. En obstruant les canaux par de petites trappes amovibles (des « martelières »), on provoque l'écoulement de l'eau qui inonde ainsi les prés et facilite la pousse d'un foin de haute qualité.

Autre action humaine lourde de conséquences, la construction de la centrale hydroélectrique, de son canal d'alimentation et des digues. De 1966 à 2005, l'apport massif

d'eau douce dans l'étang de Berre a en effet profondément modifié les équilibres naturels en réduisant les taux de salinité et dégradé le fonctionnement des écosystèmes lagunaires en asphyxiant 80% des fonds de l'étang (cf. encadré). Quant aux digues et à la longue flèche déflectrice, elles ont pour but de renvoyer l'afflux d'eau déversé violemment vers le centre de l'étang et ainsi éviter l'érosion des rives. Les limons de ces eaux se sont déposés et ont provoqué une baisse de la profondeur de l'eau sur la rive sud-est du site. Ce qui se traduit par la venue des flamants roses qui peuvent désormais chercher leur nourriture dans l'eau peu profonde.
Derrière la digue déflectrice, l'eau douce de la Touloubre, petite rivière côtière canalisée dans les années 70, se jette dans l'étang.

## *Des plumes et des chants innombrables*

Roselières, sansouires, rivages de l'étang, ripisylves et prairies irriguées se succèdent donc rapidement sur ce petit territoire. Chaque milieu naturel, riche de ses spécificités, attire à lui des espèces végétales et animales caractéristiques. Par exemple, un couple de busards des roseaux vit dans le marais, tout comme la rare fauvette lusciniole à moustache ou les rousserolles effarvate et turdoïde. L'étang de Berre et la baie de Saint-Chamas abritent le plus grand hivernage de France de grèbes à cou noir avec des milliers d'individus ! Lorsque le mistral souffle, la ripisylve se transforme en dortoir hivernal pour les hérons garde-bœufs. Des sternes naines profitent du cordon coquiller qui sépare la sansouire de l'étang pour tenter de se reproduire entre mars et juillet, quant aux cygnes, ils déambulent paisiblement le long de la grande digue. De la diversité des biotopes découle la richesse de l'avifaune. L'omniprésence de l'eau, qu'elle soit douce, saumâtre, profonde ou stagnante, est une aubaine pour nombre d'espèces animales. Du maintien des équilibres, séculaires ou plus récemment créés par l'homme, dépend la survie de cette biodiversité fragile.

Sterne naine

### La renaissance de l'étang de Berre

Les lâchers d'eau douce par la centrale se sont abaissé de 2,1 milliards à 1,2 milliard de $m^3$ par an. Du coup, la salinité de l'eau se stabilise autour de 22 à 32 grammes par litre. Jusqu'à présent, l'eau salée, plus dense, demeurait au fond de l'étang, désoxygénée. Aujourd'hui, preuve d'un renouveau, le taux de salinité est homogène sur toute la profondeur, les fonds sont oxygénés et la vie réapparaît ! Par ce biais, l'étang de Berre retrouve déjà une ambiance davantage saline. Le retour des poissons marins tels que la sole ou le loup et celui de millions de moules dans la baie de Saint-Chamas sont encourageants. Et si l'avenir s'éclaircissait enfin pour l'étang de Berre ?

balade

# Tout d'un **grand !**

**Limité en surface, cet avatar de la Camargue toute proche n'en possède pas moins un charme étonnant. Marécages, étendues de roseaux, parcelles de sansouire y accueillent des hôtes parfois discrets qu'il vous faudra patiemment rechercher. Une sorte de chasse au trésor qui enthousiasmera les enfants… comme les grands !**

➤ *Juste derrière la barrière débute la longue piste rectiligne ; remarquez les regards de la conduite enterrée sur votre droite, et n'hésitez pas à grimper dessus* ❶ *!*

Il s'agit là en effet de postes d'observation pour repérer les fauvettes paludicoles, les hérons ou les aigrettes qui fréquentent les plans d'eau au cœur de la roselière. Les busards des roseaux, majestueux, survolent également de temps en temps le site. Ce dernier reçoit même au printemps la visite de la marouette ponctuée, une sorte de poule d'eau assez rare.

➤ *Au bout de la ligne droite, enjambez le petit pont sur la Touloubre et jetez un coup d'œil sur cette petite rivière côtiere* ❷*.*

Carte IGN 3144 OT (1 cm=250 m)
© IGN Paris 2007

Les berges de la Touloubre et la roselière accueillent des ragondins, gros rongeurs herbivores originaires d'Amérique. Ceux-ci quittent parfois les eaux douces pour se rendre dans la sansouire voisine ; ils prennent rapidement des habitudes et laissent dans la végétation des coulées, comme des sentes, preuves de leurs passages répétés.

➤ *Le pont franchi, longez la rivière à gauche jusqu'à son embouchure* ❸*.*

Quelques arbres s'élèvent le long de la Touloubre. C'est une halte appréciée de nombreux passereaux en voyage de migration, au printemps et à l'automne. Sur les rives de l'étang, de petits limicoles, tels les gravelots et chevaliers, cherchent leur nourriture. Le Tadorne de Belon, gros canard aux vives couleurs, est présent toute l'année. Ces oiseaux sont bien vivants, rien de comparable avec les canards en plastique, leurres pas toujours efficaces qui flottent devant les cabanes de chasse disposées tout au long des rives de l'étang.

➤ *Ne continuez pas le long du cordon coquiller, zone de nidification des sternes naines et des avocettes ! Revenez sur vos pas et poursuivez tout droit sans franchir*

Le cœur de la roselière

*le pont. Vous pouvez faire un crochet pour étudier les marais sur votre gauche* ❹.

Plus ou moins douce, l'eau stagnante est le lieu de ponte rêvé pour des bataillons de moustiques qu'il vous faudra affronter stoïquement. Les odeurs de marécage sont fortes, grenouilles vertes et reinettes méridionales se régalent de ces ambiances humides. Jusqu'en ces lieux, les coulées de ragondins serpentent dans la végétation rase de la sansouire, parmi les fleurs bleues de saladelle, la soude ou la salicorne.

➤ *Poursuivez en direction de la ripisylve* ❺.

Frênes, ormes et peupliers blancs composent le bosquet. Notez sur votre gauche la présence de deux énormes pièces circulaires métalliques : il s'agit de roues-cages qu'on fixe sur les roues arrières d'un tracteur pour broyer les racines de roseaux et maintenir quelques trouées dans le marais.

➤ *Vous atteignez une barrière et une piste gravillonnée. Suivez cette piste jusqu'aux pâtures à moutons et aux prairies irriguées, quatrième écosystème de la balade* ❻.

Le paysage s'ouvre d'un coup. Vous passez à proximité d'un canal d'irrigation et vous apercevez sans doute le troupeau de l'exploitation agricole un peu plus haut sur la colline.

➤ *Revenez sur vos pas pour regagner le parking.*

## Pratique

L'accès au site s'effectue par la D10. En provenance de Saint-Chamas, 400 m avant la centrale EDF, au niveau d'un virage, prendre à droite la piste rapidement interdite par une barrière. Il y a là quelques places de stationnement. En cas d'encombrement, un parking plus grand existe à 300 m le long de la D10, peu avant la centrale.

La Petite Camargue débute juste après la barrière.

Compter 2 à 3 heures pour parcourir le site et prendre le temps de mener quelques observations. Certains passages peuvent être boueux, prévoyez de bonnes chaussures ! Et les moustiques seront sans doute au rendez-vous... Attention ! L'accès au marais en bordure de la baie de Saint-Chamas est interdit pour ne pas perturber la nidification des sternes naines.

A voir dans les environs : le pont flavien, et le village de Saint-Chamas tout proche avec son aqueduc impressionnant. Visite audio-guidée au départ de l'Office de Tourisme.

# 9 L'étang de Bolmon, la nature aux portes de la ville

**L'étang de Bolmon, situé en zone urbaine et industrielle, est un site étonnant qui mérite le détour. Halte migratoire pour nombre d'espèces, il incarne la force vive de la nature qui cherche sa place même dans des milieux où la pression humaine, très forte, peut lui être fatale.**

L'étang de Bolmon est situé entre l'étang de Berre, dont il est séparé par le lido (cordon littoral sableux) du Jaï, et le bassin versant de la rivière Cadière, qui traverse des zones urbaines, industrielles et aéroportuaires.

## *Une incroyable oasis de nature*

Le cordon dunaire du Jaï est un bourrelet formé sous l'influence des deux étangs, Berre et Bolmon. Il s'étend sur 5 km de long, 125 à 325 m de large, et est habité sur ses deux extrémités. La végétation fixe le lido, avec des tamaris et des pelouses à graminées. Des espèces rares et protégées côtoient encore baigneurs et véliplanchistes : l'éphèdre à chatons opposés, l'anthémis à rameaux tournés du même côté, mais l'euphorbe peplis n'a pas résisté aux 4x4 et quads qui abîment les dunes. Dans certaines zones se trouvent des sansouires (sols très salés, secs en été et inondés en hiver) et des marais d'arrière-dunes avec des roselières ou des herbiers aquatiques. De l'autre côté de l'étang, les terres hautes, élevées par le dépôt des remblais de creusement du tunnel du Rove au début du XX^e^ siècle, constituent un milieu plus sec couvert de pinèdes et de pelouses sèches où pâturent des taureaux de Camargue. Des marais temporaires et des prairies humides ainsi qu'une ripisylve (forêt bordant les cours d'eaux et les marais) ont une grande valeur écologique sur cette partie du site.

## *De surprenantes orchidées…*

Plusieurs habitats variés offrent une grande richesse floristique avec plus de 30 espèces remarquables, dont la cresse de Crète (moins de 12 stations connues en France), et 21 espèces d'orchidées qui poussent sur les pelouses sèches dont l'ophrys miroir, l'ophrys de Bertoloni, l'ophrys provincialis, l'ophrys de la Via Aurelia et l'ophrys singe, rare en Provence. Dans les zones de marais, les roselières sont remplacées par les prairies humides à joncs et scirpes maritimes dans les secteurs pâturés et par les sansouires, composées de salicornes lorsque le milieu est plus salé.

Orchidée

## *La nature nargue la pollution*

Le site est une zone d'hivernage et de repos en cours de migration pour 250 espèces d'oiseaux, dont 40 nichent au Bolmon. Parmi les espèces qui se reproduisent ici, les plus fréquentes sont la nette rousse, le tadorne de Belon, le canard chipeau, le canard colvert, l'aigrette garzette, le héron garde-bœufs, le héron bihoreau, le héron crabier. Vous observerez aussi le milan noir, l'échasse blanche, le petit gravelot… Les oiseaux de passage sont très nombreux : sarcelle d'été, fuligules milouin et morillon, avocette élégante, héron pourpré, flamant rose, balbuzard pêcheur… De nombreux insectes et reptiles sont présents, dont la cistude d'Europe, tortue protégée. Néanmoins, les poissons souffrent de la pollution des eaux, qui fait aussi des ravages chez les oiseaux avec le botulisme.

Héron garde-bœufs

### L'étang de Berre

Il compte parmi les étangs salés (lagunes littorales) les plus grands d'Europe. L'exploitation du sel fut pratiquée tour à tour par les Celto-ligures, les Grecs et les Romains.

### Le savon de Marseille

Un procédé décomposant le sel en chlore et en soude fut utilisé à partir de 1808 afin de fabriquer du savon : le célèbre savon de Marseille était né. La première industrie chimique s'installa alors près de l'étang, ouvrant la voie au développement industriel de cette région.

### Le botulisme, c'est quoi ?

Le botulisme est une maladie bactérienne que les oiseaux peuvent contracter dans la vase en période estivale : cette épidémie est un phénomène naturel, mais la pollution en aggrave les risques. Un oiseau atteint meurt rapidement mais peut aussi, en se déplaçant, contaminer d'autres sites.

balade

# Paluns et Barlatier

**Les marais des Paluns et du Barlatier constituent un milieu très riche et diversifié accueillant de nombreux oiseaux. Un projet de reconstitution de la forêt riveraine est envisagé afin de créer une zone tampon de protection et d'absorption des pollutions du bassin versant et réduire encore les impacts du botulisme sur les populations d'oiseaux.**

*➤ Prenez le chemin à l'entrée du parking ❶, cheminez au milieu de la haie de cannes de Provence, jusqu'à la pinède.*

Par endroits, cette zone de terre haute ressemble plus à la pinède qu'à une zone humide, en effet, elle a été surélevée par des apports de terre. Des reptiles, dont le lézard ocellé et la tarente de Mauritanie, aiment s'y prélasser au soleil. La nuit, les chauves-souris mangent les nombreux insectes. Au printemps, les pelouses sèches sont parsemées d'orchidées variées. Des manades de taureaux camarguais paissent non loin.

*➤ Progressez sur le chemin jusqu'à l'observatoire situé à droite au-dessus des marais ❷.*

Le paysage est très surprenant : au premier plan, le caractère naturel du site fait oublier la grande cité phocéenne ; au loin la chaîne de l'Estaque, également protégée par le Conservatoire du littoral, est aussi préservée de la pression humaine. Des herbiers de renoncules aquatiques apprécient les zones d'eau libre. Des espèces remarquables d'intérêt national voire international ont été inventoriées, dont la cresse de Crète et la scorsonère à petites fleurs. La spiranthe d'été, quant à elle, n'a pas été revue depuis plus d'un siècle ; inscrite sur la liste des espèces mondialement menacées au côté des éléphants et des baleines,

Carte IGN 3144 OT (1 cm=250 m) © IGN Paris 2007

elle pourrait bénéficier des opérations de restauration de zones humides entreprises ici en 2006. Les marais temporaires au fonctionnement typiquement méditerranéen (assec estival) des Paluns et du Barlatier présentent également une grande richesse pour l'avifaune. Par ailleurs, 500 espèces d'insectes et 17 espèces d'amphibiens et de reptiles, dont la couleuvre de Montpellier et la cistude d'Europe, y sont répertoriées. Cependant, les oiseaux souffrent en été de crises de botulisme, en raison des nombreux rejets polluants. Aussi, le Conservatoire du littoral replante et agrandit la ripisylve afin d'améliorer l'épuration naturelle des eaux.

➤ *Continuez sur le chemin et prenez sur la droite pour avancer dans les marais* ❸.

Observez les oiseaux comme le cochevis huppé, le coucou geai ou encore un busard des roseaux chassant en vol au ras de l'eau.

➤ *Revenez sur vos pas vers le point de départ.*

Sur votre droite, le canal de navigation de Marseille au Rhône sépare les marais de l'étang de Bolmon.

## Pratique

Depuis le centre de Châteauneuf-les-Martigues, prenez la N 568. Suivez la déchetterie et descendez sur le chemin de Patafloux jusqu'au parking.

La balade commence sur le chemin au niveau du parking.

Comptez 2 h pour faire la balade (environ 4 km aller-retour) avec le temps imparti aux observations.
La meilleure période pour observer les oiseaux depuis les observatoires va de février à mi-juillet. C'est en avril que vous pourrez admirer les orchidées. Le cordon du Jaï est aussi une promenade conseillée.

Des permanences ornithologiques sont assurées certains WE par la LPO
Tél. : 04 42 43 08 91 ou 04 42 79 32 02.
Site labellisé «Tourisme et handicap» (sentier et observatoire accessibles).

Cochevis huppé

# *Littoral calcaire provençal*

De part et d'autre de Marseille s'étendent d'immenses espaces de nature préservée où les falaises de calcaire plongent à pic dans la mer. Dans ces massifs littoraux – Côte Bleue à l'ouest, Calanques, cap Canaille et collines fermant la baie des Lecques vers l'est – se succèdent calanques, falaises, vallons et plateaux couverts de pinèdes ou de garrigue. Au large se détache le profil des archipels du Frioul et de Riou.

Préserver ces espaces attractifs implique de limiter l'impact sur la végétation des passages répétés du feu et de la très forte fréquentation.

# 10 Côte Bleue, la bien nommée

**Avec 25 km de frange côtière et 3300 ha de littoral protégés, ses innombrables anses, criques, ravins et pointes rocheuses, ses deux réserves marines et quelques petits ports, la Côte Bleue – ou chaîne de l'Estaque ou de la Nerthe – a bien plus que son nom pour séduire.**

Il faut naviguer de nuit au large de cette côte pour comprendre. Sur 10 km, pas une lumière à l'ouest de Marseille - qui en diffuse tant. Une portion de côte soustraite aux appétits immobiliers. Un littoral sauvage, préservé. Une des plus vastes propriété continentale du Conservatoire du littoral. Ces « petites calanques » sont, comme les « grandes », le fruit de la confrontation, avec la mer, d'une chaîne calcaire de 115 millions d'années ravinée par la dernière glaciation. Paysage de l'Estaque où la lumière, jouant avec la roche, le ciel et l'eau, compose des tableaux grandeur nature et inspire les toiles de Braque, Cézanne, Dufy…

## *Vers un retour de la forêt*

Les écrivains aussi sont impressionnés par la beauté de ces chaos de blocs et d'arbres, l'alchimie des matières : « Au-dessus de la bordure noire des pins, le ciel met la bande continue de sa fine soie bleue » dit Zola circulant par le train dans les vallons encaissés de l'Estaque. Spectacle rare aujourd'hui car la garrigue s'étend partout. Depuis 30 ans, presque

Aigle de Bonelli

chaque année, une vingtaine de départs de feux ravagent des dizaines d'hectares de la Côte Bleue. Au Rove, pas moins de 1700 ha ont brûlé de 1997 à 2003. Et à l'étendue des zones sinistrées s'ajoute la fréquence élevée des retours du feu, moins de 10 ans par endroit. Bien sûr, nombre d'actions en cours tentent d'assurer la reconquête de la forêt, en favorisant la régénération naturelle du chêne vert et du pin d'Alep (par la préservation d'îlots de semenciers), en restaurant de la diversité dans les vallons (par plantation de feuillus autochtones), en aménageant des pare-feu (par plantation d'oliviers dans les restanques). Mais l'équilibre est précaire et la reconquête lente sur cette rocaille ingrate battue par le vent, écrasée de soleil.

### La chèvre du Rove fait la loi

Ce caprin d'origine phénicienne, dont le Rove est devenu le berceau, accompagne les troupeaux de moutons en Provence. Sa résistance à la sécheresse et son appétit pour les buissons en font une race bien adaptée à l'éclaircissement de la végétation dans les garrigues et au débroussaillage des sous-bois, autant de pratiques indispensables à la lutte contre la propagation des incendies. Seul problème, de longue date, la loi interdit le pâturage en forêt des caprins ! Il a donc fallu modifier le Code forestier avant de pouvoir utiliser la chèvre comme outil de prévention contre le feu notamment par la réinstallation d'un chevrier - d'une lignée de quinze générations (!) - sur les crêtes du Rove. La sécurité des populations y gagne, la diversité de la garrigue est préservée et la chèvre de Rove sauvée de la disparition.

Pin d'Alep né de la pierre

## *Un parc marin*

Sur la Côte Bleue, la mer est bleue. Et la roche, blanche ou ocre, d'une teinte en harmonie. A ne pas y croire. Les plongeurs sont nombreux à chercher là de plus beaux spectacles encore. Le monde du silence foisonne de vie, d'algues et d'éponges, de patelles et d'oursins, de girelles et de sars, de gorgones et de corail rouge accrochés aux rochers, tout ce petit monde soigneusement réparti avec la profondeur. Le Parc marin en assure la conservation depuis 1983, réglementant les activités de pêche et de loisirs, préservant du chalutage les fonds les plus fragiles (herbiers de posidonies et coralligènes), en améliorant d'autres par la pose de récifs de production où faune et flore viennent s'incruster ou s'abriter. Une mer protégée près d'une côte protégée. Belle complémentarité !

balade

# Descente vers **le cap Méjean**

**Au travers de l'Estaque, 200 m de dénivelé vous attendent... Le prix à payer pour un panorama circulaire sur la Côte Bleue et une lecture de la garrigue tout en dévalant jusqu'à la mer.**

*➤ Passez la barrière et 100 m après ❶ montez à droite.*

La piste forestière donne d'emblée une clé de lecture du paysage. Dans ces lieux parcourus par les flammes, le chêne kermès rampant et l'ajonc épineux sont en concurrence avec le pin d'Alep pour la colonisation des espaces ouverts. Depuis 1989, date du dernier grand incendie, quelques vieux pins porteurs de graines ont survécu. Ici, le retour à la forêt passe par l'entretien des pare-feu le long des pistes et l'éclaircie sélective des tapis de jeunes pins d'Alep issus de la dissémination naturelle des graines.

Carte IGN 3144 OT (1 cm=250 m)


*➤ Gagnez le point culminant en quittant un instant l'itinéraire à droite ❷.*

Toute la Côte Bleue s'offre au regard. A l'est, la baie de Marseille et les chaînons tout en contraste des îles du Frioul. Devant, une garrigue claire en « peau de léopard » évolue en garrigue fermée dans la pente puis, sur un petit plateau, en régénération naturelle dense de pins d'Alep. Plus loin, vers l'ouest, les reliefs moutonnés du Puits St-Antoine sont couverts d'un boisement naturel mûr de vieux pins. Succession de plans qui résume, dans l'espace, l'évolution de la végétation dans le temps après le passage du feu.

*➤ Descendez par la piste vers le vallon du Méjean. Dans un lacet ❸, arrêtez-vous à hauteur d'un replat. Ici, la gestion combine valorisation cynégétique, activité économique liée à la nature et diversité biologique.*

Sur ces sédiments, un endroit est destiné au gibier (perdrix rouge et lapin). Les marges sont plantées d'arbustes à baies (arbousier, cerisier Ste Lucie, cornouiller sanguin, pérussier...), table offerte aux passereaux en migration. De vieux ajoncs de Provence, les « argeiras », ouvrent naturellement leurs bras, exposant le sol à la lumière où tant de plantes (brachypodes, globulaires, coronilles, ...) attendent depuis des années pour germer. Un rucher, abrité dans ce creux, offre à ces hôtes le parfum des romarins tout proches.

*➤ Du même point, échappez-vous pour un aller-retour vers une crête rocheuse sur la droite ❹.*

Quelques pins isolés s'y accrochent. En contrebas, le viaduc du pittoresque train littoral enjambe le ravin du Méjean, point de partage entre deux mondes, l'un sauvage à l'est, l'autre urbanisé à l'ouest. Ici et là, le regard décèle alentour d'autres langues de terres cultivées qui sont autant de foyers de diversité pour la faune et la flore dans un univers en proie à la garrigue.

*➤ Plongez vers le petit port du Méjean ❺.*

A l'approche de la mer, la pinède s'épanouit. Dans sa calanque, le petit port se blottit. Des eaux cristallines, les pêcheurs rapportent sars, daurades et loups pris au tramail, un filet de pêche formé de trois nappes superposées. Vous imaginez les yeux d'or du Grand-duc au creux des falaises, savourez la mélodie du merle bleu, espérez le survol de l'aigle de Bonelli. Halte féerique où le scintillement de la mer vous apporte l'énergie du retour.

Poissons de roche au retour de la pêche

## Pratique

Depuis Marseille, prenez l'A55 vers Martigues. Sortez en direction du Rove puis au rond-point, empruntez à droite la D5 jusqu'à Ensuès. Au feu, prenez à gauche vers La Redonne (D48d) et de même vers Les Bourgailles. Poursuivez jusqu'au bout de la piste où l'on peut stationner au second parking. Site géré par les communes avec l'appui technique de l'Office national des forêts. Randonnée interdite en été et les jours de vent.

Le départ se trouve à la barrière en travers de la piste.

Aller-retour sans difficulté, pour bon marcheur, avec 200 m de dénivelé en descente puis autant en montée. 4 heures. Avec un véhicule au départ et un à l'arrivée, moins d'effort, mais des navettes de voitures fastidieuses. A Méjan, départ du Sentier du littoral en balcon sur la mer.

En été, découvrez à faible profondeur, les merveilles du monde sous-marin dans la zone protégée de Carry-le-Rouet avec palmes, tuba... et guide (gratuit). Tél. : 06 83 09 38 42 www.parcmarincotebleue.fr.

# **Calanques**, le jardin féerique de Marseille

**Les calanques ont longtemps été considérées comme un merveilleux jardin. Mais face à une fréquentation accrue et à de sérieux problèmes d'érosion, le paradis s'est dégradé et nécessite désormais toutes les attentions. Explications.**

Tout commence en 1897 quand l'Administration des Eaux et Forêts achète une première partie des vestiges de la forêt qui recouvrait autrefois le secteur (les villes de Marseille et Cassis, le Conseil général et le Conservatoire du littoral ont depuis acquis la quasi totalité du massif des Calanques). L'objectif premier est de mettre un terme aux activités humaines particulièrement dévastatrices.

## *Une exploitation irraisonnée*

Les calanques ne sont plus alors que l'ombre d'elles-mêmes. Des décennies de fabrication de chaux et de ramassage de bois de boulange, conjuguées à un pastoralisme séculaire, ont créé au début du XX$^{e}$ siècle, un paysage dénudé. La chênaie, forêt méditerranéenne originelle, a totalement disparu sous l'emprise de plusieurs siècles d'activités humaines. Les derniers pins sont exploités pour le gemmage, la collecte de résine destinée à la fabrication de l'essence de térébenthine. Tout un paysage est à reconstruire.

## *Un siècle d'efforts*

Les forêts font pourtant partie du patrimoine des calanques. Elles réhaussent par leur contraste la splendeur des crêtes déchiquetées et l'immensité de la mer. Sans parler bien sûr de l'écosystème qui leur est propre ou de leur rôle essentiel dans le maintien des sols. L'Office national des forêts, qui participe aujourd'hui à la gestion technique de ce vaste territoire n'a donc guère le choix : la forêt doit renaître ! Mais pour retrouver la chênaie du passé, il faut passer par une forêt résineuse qui prépare son retour. L'immense incendie de 1990 provoqua un arrêt temporaire dans cette renaissance. Toutefois, une régénération naturelle lui succéda, indisciplinée. De petits semis de pins poussaient partout, au point qu'il fallut couper une grande partie de cette biomasse combustible pour éviter tout nouveau risque d'incendie. Le dépressage, c'est-à-dire l'action de couper les jeunes pousses pour permettre à quelques individus d'atteindre la taille adulte, fut un combat énorme.

## *De nouveaux défis à relever*

Avec la sécheresse qui marque son emprise sur la région, d'autres problèmes apparaissent : les rares pluies se concentrent en hiver, et bien qu'inutiles pour les végétaux, dévalent à la mer en entraînant le substrat. Pire encore, on constate une mortalité accrue chez les pins qui s'assèchent. Erosion, incendie, sécheresse, la lutte est déjà difficile. S'ajoute la nécessité de gérer une fréquentation qui ne cesse de croître. Le piétinement conséquent des parties côtières, très visible, destabilise notamment la pinède climacique, ce liséré de pins d'Alep considéré comme caractéristique des rives des calanques. Mener la réhabilitation d'un paradis perdu n'est pas chose aisée. Le soutien et la compréhension de tous les usagers de ce territoire d'exception seront sans doute primordiaux pour l'avenir.

### Gaston Rébuffat

Gaston Rébuffat (1921-1985), célèbre écrivain et guide de haute montagne natif de Marseille, évoqua la beauté d'En-Vau dans l'un de ses premiers ouvrages, au titre sobre, "Calanques" (1948). Amoureux de ces montagnes dans la mer, il sut transmettre sa passion pour ce site que parcourent encore grimpeurs et marcheurs. Une plaque à sa mémoire est d'ailleurs érigée sur la route du col de la Gardiole.

### Les fours à chaux

Pour obtenir la chaux à partir du calcaire, les ouvriers se déplaçaient sur l'ensemble de la zone ; ils accumulaient des branchages, les recouvraient de calcaire, fabriquaient par-dessus un four sommaire en forme de dôme et embrasaient les branches. Le feu brûlait plusieurs jours, puis ils récupéraient la chaux qu'ils réduisaient en poudre pour la transporter. D'autres fours existaient sur les calanques pour la fabrication de charbon ou d'huile de cade.

Premier belvédère sur la mer

balade

# **Belvédères** sur la Grande bleue

**Imaginez un sentier en balcon sur la mer, les éclats de lumière sur l'eau claire. Imaginez les parfums de garrigue et de pinède, la pierre nue qui d'un trait s'élance vers le ciel. Imaginez vos pas sur un éperon rocheux qui surplombe la majestueuse calanque d'En-Vau… Vous en rêvez déjà ? Vous ne serez pas déçu.**

*➤ Du parking de la Gardiole, engagez-vous sur la piste à votre gauche en direction de l'Auberge de Jeunesse* ❶.

Vous pouvez observer sur votre droite la Maison Forestière de la Gardiole, une ancienne bergerie du XVIIIe siècle qui prouve le passé pastoral du secteur. Un peu plus loin, vous côtoierez quelques ruches, l'apiculture ayant toujours cours ici.

*➤ Par un sentier balisé, coupez les lacets de la piste et rejoignez celle-ci au point coté 131 m* ❷.

La garrigue autour de vous est le fruit de l'incendie de 1990 qui ravagea 3000 hectares. Ce dernier détruisit une pinède quasiment mature de 80 à 90 ans dont il faut à présent favoriser la lente régénération.

*➤ Prenez la piste qui part à droite au-dessus des anciennes carrières* ❸.

Il s'agit des carrières Solvay, exploitées jusqu'en 1981. Déversé par trémies jusqu'à Port Miou en contrebas, le calcaire était ensuite chargé à bord de péniches en direction de la Camargue pour une utilisation industrielle. Il existait depuis longtemps une exploitation artisanale de la roche dans la région car, une fois polie, la pierre de Cassis –un calcaire coquillé constitué de rudistes– est appréciée en construction. Elle fut même utilisée pour le socle de la statue de la Liberté !

*➤ La piste part bientôt vers Port Miou. Abandonnez-la pour prendre à main droite un sentier en balcon qui vous mène rapidement à la calanque de Port Pin* ❹.

Vous ne vous en êtes pas rendu compte mais votre présence a été comptabilisée par un éco-compteur, une dalle acoustique invisible implantée au sol afin de connaître précisément la fréquentation de la calanque. Il faut dire que vous pénétrez à présent dans un milieu fragile, victime de son succès… Débarquement de bateaux, piétinement, surfréquentation estivale, la pinède du rivage et les plantes qu'elle abrite sont menacées, d'où la nécessité de respecter les itinéraires en place ! L'érosion est partout visible : des racines de pins autrefois enfouies dans la terre se retrouvent parfois à cinquante centimètres du sol !

N

Carte IGN 3245 ET 1 cm = 315 m

➤ *Longez l'étroite plage et engagez-vous sur le sentier des belvédères* ❺*, le tronçon le plus sportif du circuit. Une bonne montée conduit au refuge abandonné du Piolet* ❻*.*

La faune est typique des éboulis et de la garrigue. Les geckos, avec leurs ventouses au bout des doigts, sont bien représentés, avec la tarente de Mauritanie et l'émidactyle verruqueux. La couleuvre de Montpellier, la plus grande couleuvre d'Europe, est elle aussi à l'aise dans ce milieu ensoleillé.

➤ *De point de vue en point de vue, tous aussi beaux les uns que les autres, vous finissez par atteindre le belvédère principal sur En-Vau* ❼*.*

Tandis que l'ombre s'étend en bas, sur la langue de mer enserrée entre les parois, le plateau de Castel Vieil, en face de vous, est baigné de soleil. C'est là que niche un discret couple de faucons pélerins. Mais le faucon n'est pas le seul seigneur du ciel : la nuit, c'est le hibou grand-duc qui règne en maître ! Du belvédère, vous disposez d'une vue sur la Candelle, le piton rocheux caractéristique en arrière-plan. Et vous apercevez sans doute quelques audacieux grimpeurs sur les voies d'escalade d'En-Vau.

➤ *Le sentier conduit à un important carrefour. Délaissez les branches de droite et de gauche et prenez tout droit en direction de l'Auberge de Jeunesse. Juste avant celle-ci, suivre la piste sur votre gauche.*

Vous découvrirez ainsi un vallon plus humide avec d'imposants frênes à fleurs ❽.

➤ *L'itinéraire contourne la Maison Forestière par l'ouest et ramène à l'aire de stationnement.*

## Pratique

Accès par la D 559, route de la Gineste, depuis Marseille ou Cassis. En face de la zone militaire de Carpiagne, une petite route permet d'accéder au col de la Gardiole où se situe actuellement le parking. (Dans 2 à 3 ans, il est question d'interdire toute circulation automobile à l'intérieur du massif et de prévoir un stationnement au bord de la route de la Gineste.)

Départ par la piste d'accès à l'Auberge de Jeunesse.

Prévoir 4 à 5 h de marche pour le circuit. Un pique-nique au bord de l'eau à Port Pin est toujours agréable ! Certains passages du sentier des Belvédères sont patinés, à déconseiller par temps de pluie ! Bonnes réserves d'eau et bonnes chaussures indispensables.
La réglementation habituelle est applicable sur le site : pas de feu, pas de prélèvement, accès estival limité. (Se renseigner à l'office du tourisme)

Sur la presqu'île de Port Miou, "le sentier du Petit prince de découverte des Calanques" propose une balade facile d'une heure agrémentée de panneaux explicatifs.

La calanque de Port Pin et les falaises du Cap Canaille en arrière-plan

# 12 La Nartette - Port d'Alon, une nature si généreuse

**D'un côté c'est la terre, des fragrances de romarin, des vignes soignées, des orchidées sauvages ou d'éphémères crocus safran. De l'autre c'est la mer, avec des calanques reculées, des eaux poissonneuses, des falaises parfois gypseuses... Deux univers que tout oppose et qui pourtant s'avèrent aussi généreux l'un que l'autre !**

Aux portes de la ville de Saint-Cyr-sur-mer s'étend une vaste zone où les cultures alternent avec les pinèdes et quelques secteurs résidentiels. La douceur du climat et la richesse du sol, de tout temps, se sont ici conjuguées pour permettre à la nature de s'en donner à cœur joie.

### *Vignes et cultures du passé*

Des vignes du fameux cépage d'AOC Bandol, des orchidées, des plantes aromatiques, des parcelles de garrigue, tout concourt à rappeler la variété et l'abondance des espèces végétales ! Aujourd'hui encore, si les champs de crocus et d'immortelles ont disparu du paysage, la fève reste cultivée de manière écologique par quelques agriculteurs. Certains même perpétuent à petite échelle la culture du petit pois. Considérée autrefois comme le grand jardin de Marseille, la région de Saint-Cyr conserve de nombreuses traces de ce passé agricole qu'un urbanisme non contrôlé aurait pu aisément anéantir.

Crocus safran

## *Des activités humaines séculaires*

Changement de décor le long du sentier littoral : calanques, falaises, pointes rocheuses. De prime abord, la bienveillance de la nature à l'égard des hommes se fait plus discrète. Et pourtant... Les eaux claires au pied des falaises sont réputées pour leur abondance en poissons variés mais... chut ! C'est un secret des gens du coin ! Quant aux collines qui s'élèvent derrière la Pointe Grenier, on y a extrait le gypse et l'argile, dans le but de fabriquer avec le premier du plâtre, et avec le second des tuiles. La mine souterraine s'est effondrée en 1910, année particulièrement pluvieuse. Mais on observe encore facilement dans le paysage les vestiges de cette exploitation : chemin d'accès, bâtiments de la fabrique avec ses citernes, ses meules, son four et quelques blocs de gypse oubliés. Des bateaux à fond plat se chargeaient ensuite du transport de la production. Enfin, le relief même s'avérait une bénédiction pour la population locale, puisque la Pointe Grenier, avec son avancée sur la mer, offrait de son point haut un poste de vigie et de défense utilisé depuis toujours.

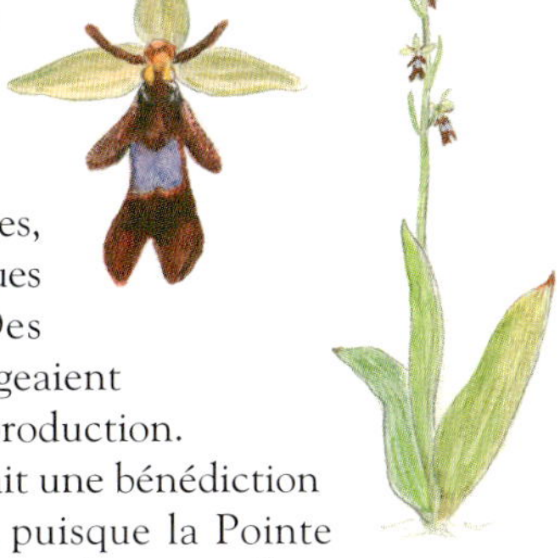

Ophrys mouche

### Les crocus safran

Parmi les cultures traditionnelles que le Conservatoire du littoral maintient sur le site, celle du safran est intéressante. D'abord parce qu'à l'automne, vous aurez l'opportunité d'observer ce joli crocus, ensuite parce que le safran (ou plutôt les étamines de la fleur de safran) s'avère être l'une des épices les plus onéreuses au monde. Pas étonnant quand on sait que 150 000 crocus sont nécessaires pour obtenir 1 kilogramme de safran !

### Les violettes arborescentes

Difficiles à observer, les violettes arborescentes à la tige ligneuse fleurissent de septembre à octobre. Toutes bleues, magnifiques, elles ne se rencontrent qu'en deux endroits en France. Les falaises à l'est de la Madrague forment l'un de ses ultimes refuges.

balade

# De la vigne **à la mer**

**Sur les chemins du passé, cet itinéraire vous offre la possibilité d'allier à la découverte des activités humaines traditionnelles, le bonheur tout simple d'une balade entre terre et mer !**

L'itinéraire suit dans un premier temps l'ancien chemin de Toulon ❶. Une gave, sorte d'abreuvoir pour les chevaux, est d'ailleurs visible au milieu du bois que vous traversez.

➤ *Vous débouchez bientôt sur la Bastide de la Nartette entourée par les vignes ❷.*

La Nartette, petite source en provençal, accueille un des rares domaines viticoles appartenant au Conservatoire du littoral. Sur 17 hectares, on y préserve un paysage remarquable constitué de vignes entourées de collines boisées. Dix-huit mois de vieillissement en fût de chêne pour le vin rouge produit. A consommer bien sûr avec modération...

La Bastide de la Nartette au milieu des vignes

➤ *Peu après, prendre à droite jusqu'à la pelouse aux orchidées ❸.*

21 espèces d'orchidées, en fleurs de février à mai sur un carré de pelouse, c'est tout simplement exceptionnel ! Et en cas de visite automnale, un panneau illustrant ces fleurs vous consolera de manquer le spectacle de ces ophrys merveilleuses !

➤ *Engagez-vous sur votre gauche puis tout de suite à droite jusqu'à un endroit dégagé sur la colline de sable ❹.*

Œuvre du mistral qui arrache le sable à la plage des Lecques pour le déposer sur ce secteur, la colline de sable s'étend sur 20 hectares. Mais attention, la dune primaire est derrière la colline, vous ne voyez ici que le déversoir ! Des kilomètres de ganivelles ont été nécessaires pour stabiliser la dune et éviter une érosion destructrice !

➤ *Partez ensuite à droite et traversez la route. Avant l'école, prendre à droite le sentier qui longe une haie.*

Nouvelle route goudronnée. Prenez sur votre droite le sentier des vignes. Continuez jusqu'à la ligne électrique où il faut tourner à gauche. Vous arrivez devant une zone où se maintiennent quelques cultures traditionnelles ❺.
C'est ici que vous aurez la chance d'apercevoir les superbes crocus safran à l'automne.

➤ *Descendez légèrement avant de bifurquer à droite entre les vignes jusqu'à une route importante. Par la petite route en contrebas, rejoignez la Calanque de Port d'Alon ❻.*

Attaquez le sentier du littoral à droite de la plage. Ne quittez pas le chemin principal pour descendre vers la mer par les sentes incertaines !

*➤ Vous atteignez ensuite la pointe du Défens ❼ et son espace dégagé.*

Le panorama est grandiose : la baie de La Ciotat, l'archipel de Riou, le Bec de l'Aigle dominant les chantiers navals de La Ciotat… Le sentier se faufile ensuite sous les pins couchés par le vent et longe la petite plage de la Nation.

*➤ Après 100 mètres sur un chemin cimenté, prendre un sentier étroit à gauche d'un bâtiment EDF.*

Les falaises sont bientôt très accidentées ❽. Le grand cormoran y a trouvé une zone d'hivernage propice.

*➤ En arrivant à la Pointe Grenier ❾, suivez le chemin en face de vous mais au préalable, faites un détour par les ruines au sommet de la colline !*

C'est le passé militaire et industriel du site que vous rencontrerez ici : la platrière et une petite garnison y ont en effet été restaurées. Ouvrez l'œil si vous venez hors saison ! Un tichodrome échelette prend en effet ses quartiers d'hiver parmi les vestiges de la poudrière, du poste de vigie et de l'ancienne chapelle !

*➤ Retour à la Madrague via l'ancienne fabrique de plâtre par une plage puis un passage entre les clôtures des propriétés.*

Carte IGN 3245 ET (1 cm = 315 m)


# Pratique

Accès aisé à Saint-Cyr-sur-mer par l'A 50 ou D 559, puis direction "la Madrague". Parking payant sur le port de la Madrague. De la Madrague, remontez la rue de l'Abbé Dol sur environ 500 m. Un panneau indique, à gauche de la rue, le départ du Sentier des Vignes.

Compter 4 h de marche. Un pique-nique - suivi d'une baignade selon la saison ! - est recommandé à la calanque de Port d'Alon.
Prévoyez de bonnes chaussures pour le sentier littoral. Attention : l'accès à la Pointe Fauconnière est interdit par arrêté municipal les jours de pluie en raison d'importants risques de chutes de pierres !
A savoir : le long du sentier littoral, des bornes jaunes numérotées permettent, en cas d'accident, de signaler aux secours le lieu d'intervention.

A la calanque de Port d'Alon, vous pouvez découvrir les fonds marins, accompagné d'un guide naturaliste, équipé de combinaison, palmes, masque et tuba. Rens. au CPIE, tél. : 04 42 08 07 67.

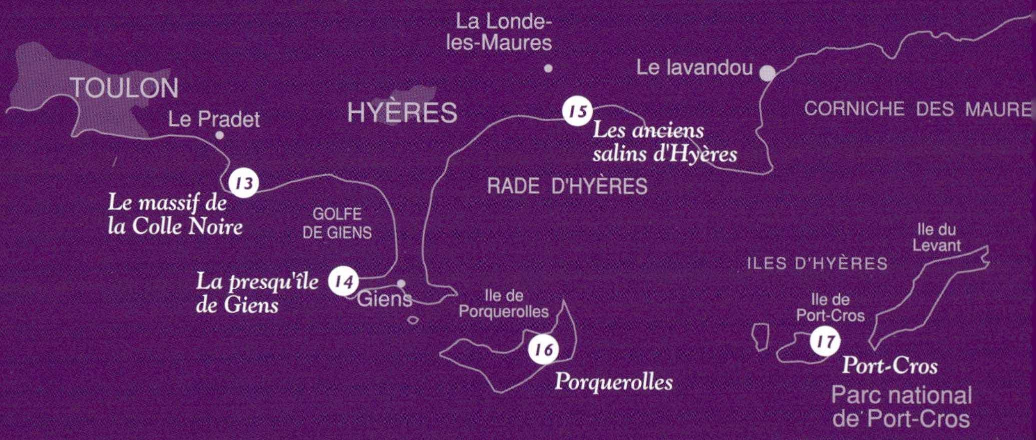


# *Du massif de la Colle Noire à la rade d'Hyères*

Un véritable condensé grandeur nature de la diversité des milieux naturels de Provence :

• les anciens salins d'Hyères, vaste zone humide de 900 ha qui joue un rôle primordial pour l'accueil des oiseaux migrateurs,

• des forêts méditerranéennes caractéristiques comme la Colle Noire posée en sentinelle à la lisière de la grande rade de Toulon,

• la presqu'île de Giens, reliée au continent par son double tombolo (phénomène géologique particulièrement rare),

• enfin les îles, Porquerolles, Port-Cros et le Levant, véritables conservatoires des richesses des milieux insulaires méditerranéens.

# 13 Le **massif de la Colle Noire** en pleine régénération naturelle

**Le massif de la Colle Noire est un véritable joyau de la côte varoise. La richesse de la nature se joue des falaises découpées, surplombant des paysages grandioses... Le cœur minéral de la colline témoigne de l'histoire et du patrimoine industriel du cap Garonne.**

La lumière méditerranéenne et une magnifique palette de couleurs naturelles habillent le massif. Les traces de l'incendie de 2005 s'estompent au fur et à mesure de la reprise de la végétation. Verdoyance du maquis, tons jaunes et ambrés des minerais de cuivre, brillance azurée de la mer, les contrastes sont saisissants.

## *Vue panoramique incontournable*

Située sur les premiers contreforts du massif des Maures, la Colle Noire offre un point de vue à couper le souffle sur le littoral. Le regard s'émerveille depuis le majestueux cap Sicié, la presqu'île de Saint-Mandrier et la rade de Toulon, jusqu'à la presqu'île de Giens, les îles d'Hyères et le cap Bénat, en passant par les terrasses à fleurs du Canebas et la Provence intérieure… Les paysages de bordure de falaise côtoient l'architecture militaire des forts de la Colle Noire et de la Gavaresse. Une cheminée de brique signe la présence de l'ancienne mine de cuivre du cap Garonne.

## Poumon vert de Toulon

Arbousier

Avant l'incendie de 2005, la massif, préservé des feux depuis plus de 50 ans, présentait une très riche diversité. L'une des particularités de la végétation méditerranéenne est son adaptation au feu. Quelques semaines après un incendie, les conifères redémarrent par semis (pin maritime, pin d'Alep), arbres et arbustes feuillus repartent de la souche (chênes verts et blancs, arbousiers, myrte, pistachier lentisque). Protégés par leur écorce noircie, les chênes-liège repoussent sans problème. Dans le maquis repoussent aussi des cistes à feuilles de sauge et de Montpellier, de la lavande des Maures, du romarin, des chênes kermès. A proximité de la mine, les pelouses à arméria, plante vivace à longue tige et à fleurs blanches, attestent de la présence de cuivre dans le sol. L'endémique Serapia olbia habite les lieux parmi les seize autres espèces d'orchidées inventoriées. En bordure du littoral, les plantes halophiles sont davantage présentes : barbe de Jupiter, cinéraire maritime, crithme marine, genévrier de Phénicie.

## Animaux des forêts et des falaises

Les reptiles apprécient les falaises du site pour se chauffer au soleil : lézard vert, tarente des Maures, couleuvres, tortue d'Hermann et le fameux lézard ocellé. Une grotte, ancienne galerie exploitée par l'homme pour la production de grès, offrait jadis un abri aux chauves-souris de type oreillard. Elles vivent aujourd'hui dans les forts. Quelques petits mammifères, peu nombreux en raison de la forte fréquentation humaine, sont aussi présents : lapins, blaireaux, renards, écureuils. Plusieurs espèces de rapaces fréquentent la Colle Noire dont le faucon crécerelle, la buse variable et le hibou grand-duc. Sur le massif, des mares temporaires constituent des petits écosystèmes riches et précieux, plantés de massettes et de joncs. Ces habitats humides accueillent la rainette méridionale, des libellules et des bécasses.

Buse en vol

### Histoires et traditions

Le fort militaire de la Colle Noire fut construit en 1886 pour surveiller la rade et la plaine de Toulon. Deux explosions, dues aux munitions qu'il abritait, l'ont en partie détruit. Le fortin de la Gavaresse, de style Vauban, fut élevé en 1889 en pierres et en briques rouges.

La mine de cuivre, exploitée de 1862 à 1917, est un paradis pour les minéralogistes. Le sous-sol du cap Garonne recèle en effet une collection de 126 minéraux.

Autrefois, la résine de pin était récoltée (gemmage) par "lou bouscatier" pour fabriquer essence de térébenthine et goudrons. "Lou rusquié" exploitait le liège. De nombreux autres métiers de la forêt favorisaient un bon équilibre entre exploitation et gestion forestière.

### Le lézard ocellé

C'est le plus grand lézard de France : il peut atteindre 60 à 90 cm de long, dont les deux-tiers pour la queue. Sa couleur est variable : vert, gris et brun sur le dos. Ses flancs sont ponctués de grosses taches bleues.

# Balade de la **Gavaresse**

**Parmi les sentiers parcourant le massif forestier de la Colle Noire, le circuit de la Gavaresse, le moins fréquenté, offre une approche privilégiée de la forêt méditerranéenne.**

➤ *Prenez la piste DFCI C30 (panneau ONF) le Collet du Pastre et suivez le balisage violet* ❶.

Le sentier monte au milieu de l'ancienne pinède. Les tas de bois disséminés à travers la colline sont des fascines. Elles servent à retenir les sols mis à nu par l'incendie ainsi qu'à retenir un peu d'humidité pour la germination des graines. C'est au milieu jadis fermé et au couvert forestier dense et sombre que le site doit son nom provençal de « cola negré » (colline noire). Le couvert végétal étant éclairci en raison de l'incendie, la strate herbacée profite pleinement de la lumière du soleil, tapissant le sol de nombreuses fleurs colorées (asphodèles, orchidée, herbes au bitume…).

➤ *Vous rejoignez la piste forestière* ❷ *qui mène au fort de la Colle Noire* ❸*, vers lequel vous pouvez faire un crochet. Il culmine à 294 m d'altitude. Revenez ensuite sur le circuit qui longe en partie le sentier du littoral et passe à proximité du fortin de la Gavaresse* ❹.

De nombreux points de vue s'ouvrent sur l'arrière-pays et sur le littoral. Sur la côte, sept forts surveillent la rade de Toulon, dont deux se trouvent sur le massif de la Colle Noire.

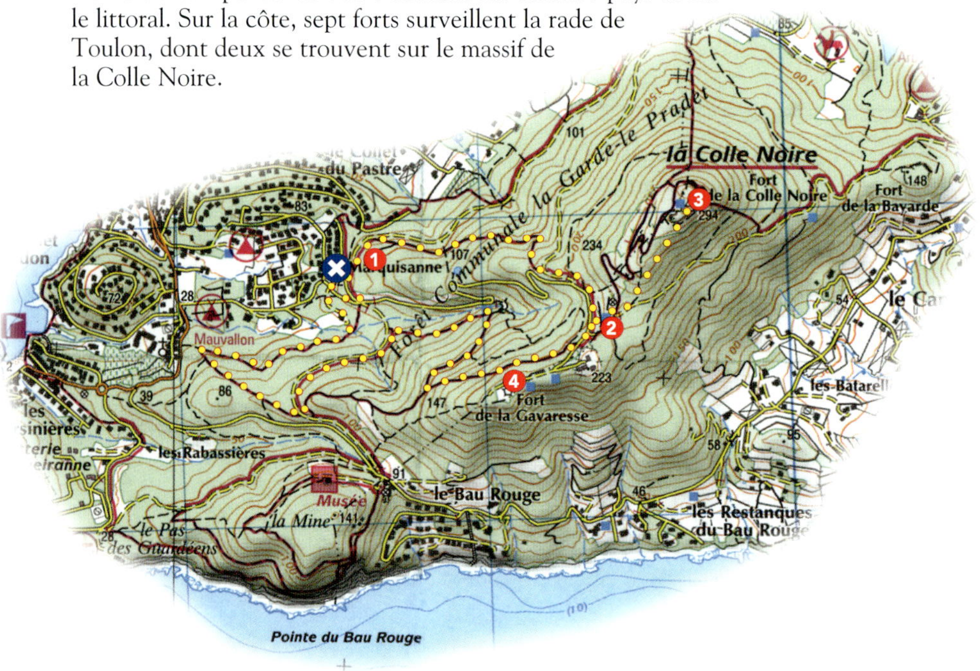

➤ *Quittez ensuite le sentier du littoral pour descendre en fond de vallon.*

Les mêmes essences se retrouvent, mais l'ambiance est très différente en raison des caractéristiques physiques du fond de vallon qui reçoit plus d'eau et accumule plus de terre sur la roche. Dans l'humus, se cache un coléoptère endémique du massif, Mayetia collensis. Les champignons apprécient également cet environnement. C'est aussi le lieu de prédilection du hibou grand-duc, qui chasse sur le massif de la Colle Noire.

➤ *La boucle se termine sur la route d'accès au parking.*

Fascines

# Pratique

A partir du centre du Pradet, prenez la D 86 en direction des Oursinières puis tournez à gauche après le feu rouge pour emprunter le chemin de la Gavaresse. Arrivé devant la barrière forestière de la C 29, prenez à gauche pour accéder au parking situé à 100 m de là.

Le circuit commence au parking où vous avez laissé votre véhicule.

Comptez 2 h à 2 h 30 de balade pour effectuer la boucle longue de moins de 4 km.

La saison la plus propice pour visiter le site est le printemps. En période estivale de grande sécheresse, et par grand vent, l'accès au massif peut être interdit en raison des risques d'incendies.

A proximité du musée de la Mine du cap Garonne (tél. : 04 94 08 32 46) existe un sentier de découverte botanique et géologique (1 h 20 de marche pour 1,3 km environ). Il est en partie accessible aux personnes à mobilité réduite et mène à des belvédères (panoramas sur la presqu'île de Giens, les îles d'Hyères, la presqu'île de Saint-Mandrier et la rade de Toulon). Renseignements : office du tourisme, tél. : 04 94 21 71 69 ou gardes du littoral, tél. : 06 28 88 72 78.

14

# La presqu'île de Giens Un bout du monde façonné par la mer et le vent

**C'est hors saison que Giens se laisse aller à quelques confidences. A l'automne par exemple, quand les couleurs se font chatoyantes et le sentier du littoral presque désert. Ou même en hiver, un jour où la mer frissonne sous les caresses rugueuses du mistral.**

Oui, un jour où le vent du nord-ouest secoue sans vergogne les branches des chênes verts et des pins d'Alep, où les genévriers de Phénicie se pelotonnent les uns contre les autres pour mieux résister aux coups de boutoir. Un jour où la mer est grise, remuante comme une enfant espiègle, où ses vagues se fracassent sur les falaises et projettent à plus de vingt mètres de hauteur des embruns salés aussi blessants que des flèches. Ce jour-là alors, on comprend vraiment que la presqu'île est une fille de la mer et du vent, que le mistral et le sel de Méditerranée façonnent davantage Giens que les soleils insolents de l'été.

### *Un maquis anémo-morphosé*

Le premier signe de cette suprématie de la mer et du vent, vous le trouverez en abordant le maquis. La salsepareille, elle sans qui le maquis littoral ne serait rien, elle qui enserre, recouvre et emmêle les lentisques, les filaires et les genévriers, ne peut rien cependant pour protéger des assauts du vent les arbustes qu'elle embrasse. Ceux-ci se plient sous le mistral, adoptent des postures en drapeaux, se tordent et se recroquevillent dans le but de survivre. On parle alors d'un maquis anémo-morphosé, sculpté par le vent.

Presqu'île de Giens

Il est très présent sur la côte occidentale de la presqu'île et vous l'observerez sans peine. Mais s'il n'y avait que le vent à combattre...

## *Les assauts de la mer*

La brousse littorale est un maquis particulier en bordure de falaise. Elle joue un rôle protecteur indispensable aux boisements, notamment les pins qui vivent plus à l'intérieur des terres. Composée de plantes halo-résistantes, qui parviennent donc, non sans mal, à survivre aux retombées salines des embruns, cette barrière arbustive arrête l'attaque de la mer, empêche celle-ci de brûler les arbres fragiles qui s'abritent derrière elle. Mais quand la pollution s'allie au vent et aux embruns, même la brousse littorale devient impuissante. Le long de la côte occidentale, de nombreux pins d'Alep ont ainsi subi l'action conjuguée du sel et des hydrocarbures : leurs cimes sont totalement sèches, parfois l'arbre tout entier est mort. Malgré la hauteur des falaises, les embruns remontent jusqu'à eux par des ouvertures dans le maquis, par des entonnoirs naturels dégagés de toute végétation halophile. L'action destructrice de ces embruns est amplifiée par les hydrocarbures qui proviennent du trafic maritime local très important, notamment en période estivale. Sel, vent et pollution jouent donc un rôle fondamental sur les paysages de la presqu'île. Sous le soleil de l'été, les visiteurs ont sans doute du mal à imaginer les batailles qui se livrent parfois sur ces rivages...

### Les rats noirs

Vous aurez peut-être l'occasion, lors de votre randonnée, d'apercevoir des cônes de pins d'Alep rongés, comme peuvent l'être les restes de repas des écureuils. Ne vous y trompez pas ! Il s'agit ici d'un indice de présence laissé par les rats noirs arboricoles. Omnivores, ils ne se contentent pas des graines des pins et dévorent, notamment sur l'île de Porquerolles, les oeufs des oiseaux, par exemple ceux des puffins, ce qui justifie des campagnes de contrôle dans l'archipel hyérois.

### Le phare d'Escampo Barriou

Sur la pointe d'Escampo Barriou s'élève, en contrebas des ruines de bâtiments militaires, le soubassement d'un phare à bain d'huile du XIXe siècle. Un système de rails permettait de remonter la partie supérieure du phare afin de le vidanger. L'accès au site est aujourd'hui interdit par arrêté municipal en raison de risques d'éboulement des bâtiments jadis bombardés.

balade

# Un balcon sur la **mer**

**Le sentier littoral de la presqu'île de Giens offre de superbes points de vue sur la côte accidentée et sur la baie de Toulon. La richesse et la diversité de la flore apportent un autre centre d'intérêt à cette somptueuse balade.**

*➤ Du parking, engagez-vous à droite de la route (barrière verte) en direction de la calanque du Four à chaux ❶.*

Au-dessus de la plage se rencontre la passerine hérissée, plante protégée résistante au sel, typique des milieux littoraux dont certains pieds sont ici centenaires.

*➤ Le sentier longe la côte à travers les genévriers de Phénicie, rares sur le littoral varois. Délaissez les passages qui s'enfoncent dans le maquis pour atteindre un ancien blockhaus allemand ❷.*

Vous disposez d'une vue imprenable sur l'Ile Longue, la Ratonnière et la Redonne, les trois îlots tout proches, et sur la mer en contrebas. D'autres blockhaus ❸ rappellent que les Allemands avaient solidement fortifié la côte varoise dans la crainte du débarquement allié. Un peu plus loin ❹, on observe un travail de mise en défens, à l'aide de clôtures dites « casse-pattes », afin de favoriser la revégétalisation du site. Lorsqu'on sait que jusqu'en 1997, ce n'était là qu'un immense parking sauvage, on se rend compte de la capacité des plantes pionnières à recoloniser le sol !

*➤ Suivez le sentier étroit afin de profiter au mieux des points de vue. Vous cheminez en balcon au-dessus de falaises, il convient donc d'être attentif ! ❺*

Vous aurez l'occasion d'observer la toxique euphorbe petit-pin. Quant aux immortelles des Maures, plus nombreuses, elles sont également visibles sur ce secteur. Vous pénétrez à présent dans une sorte de galerie naturelle dominée par les branches des pins d'Alep et des chênes verts ❻. La végétation se fait de plus en plus arbustive. Des bruyères arborescentes atteignent même la hauteur exceptionnelle de 12 mètres ! Présentant un faciès particulier, cette forêt littorale est dominée par le chêne vert en taillis, preuve d'une exploitation passée pour le bois de chauffage et le charbon de bois.

*➤ Vous arrivez bientôt sur le tombant de la falaise de la Pointe des Chevaliers, site de nidification des martinets pâles, qui regagnent à l'automne l'Afrique, leur lieu d'hivernage.*

Plus loin, prêtez attention à l'ouverture sur votre gauche : il s'agit de la zone d'entrée des embruns lorsque la mer est agitée. La fauvette mélanocéphale est une habituée des lieux, vous entendrez peut-être son cri d'alarme en crécelle.

*➤ Ne vous laissez pas tenter par les sentes dangereuses qui dégringolent vers la mer. Gardez l'itinéraire le mieux marqué jusqu'à un croisement (petit poteau) et prenez à droite en direction de la Darboussière. Un peu plus loin, le sentier remonte et franchit quelques rochers. On arrive sur un chemin plus large* ❼.

Avant de rejoindre ce chemin, se dessine la calanque du blé avec ses falaises impressionnantes. Un couple de faucons pélerins y niche de mars à début juin depuis plusieurs années. Quatre jeunes y furent observés en avril 2005 !

*➤ Après un superbe plissement schisteux sur votre gauche, le sentier s'élève en arc-de-cercle au-dessus de la pointe d'Escampo Barriou et ses ruines.*

*➤ A un croisement, une borne indique la Darboussière. En suivant cette direction, on arrive de l'autre côté de la pointe du Rabat puis à la plage du Pontillon* ❽.

Juste avant d'arriver sur la plage s'étend un massif de Barbe de Jupiter, plante littorale protégée aux reflets argentés. Après le ressaut de la pointe de la Galère qu'envahissent les griffes de sorcière, vous atteignez le lieu dit de la Table Ronde où la Comtesse de Béhague, jadis propriétaire des lieux, avait ses habitudes et son jardin.

*➤ Par le dernier tronçon littoral, gagnez la Darboussière. Retour au parking par la piste qui remonte à l'intérieur des terres. En haut de la montée, vous trouvez une citerne DFCI qu'il faut laisser à votre gauche pour rejoindre la route.*

## Pratique

Depuis Giens, prenez la direction du petit port de la Madrague. Le parking du Four à chaux se situe après le port sur votre gauche (station d'autobus). Il est également toléré de se garer au parking des Chevaliers situé après le 1er tronçon de route militaire.

La balade commence au niveau de la barrière et du panneau du Conservatoire du littoral juste après le parking du Four à chaux, à droite de la route.

Compter 3 à 4 heures de marche pour boucler ce circuit. Eau et chaussures de marche sont indispensables ! Un conseil : prenez votre temps, emportez le pique-nique et offrez-vous une baignade en fin de parcours à la plage du Pontillon !

A voir : la visite du vieux village de Giens et du port du Niel avec ses embarcations traditionnelles – les fameux pointus provençaux. La presqu'île est un monde à part ; les habitants ne se considèrent pas comme des Hyérois et se nomment les Arbanais, rappelant ainsi qu'à certaines époques, Giens fut une véritable île, avant qu'un double cordon sableux ne le relie au continent, formant à l'intérieur les étangs des Pesquiers.

# 15 Les Vieux Salins d'Hyères, précieux héritage

**Conçus et aménagés dès l'Antiquité, exploités par les Romains, les Vieux Salins auraient même donné son nom à la ville d'Hyères, le mot latin « area » signifiant en effet ici « aire à sel ».**

Longtemps découpés en une myriade de bassins exploités à l'échelle familiale, les 350 hectares des Vieux Salins (par opposition avec le salin des Pesquiers, plus contemporain) n'en étaient pas moins gérés collectivement pour les apports et les rejets d'eau. Les canaux d'alimentation et de rejet étaient en effet communs à tous. Quelques sauniers, les maîtres de l'eau, avaient en charge cette gestion indispensable à la production salinière qui fournissait du travail à environ trois cents personnes.

## *De l'exploitation intensive à l'abandon*

Au début du XX^e^ siècle, la Compagnie des Salins du Midi acquiert le site afin de développer une activité à caractère industriel. Trop compartimentés, trop peu rentables, ces anciens salins cessent cependant une première fois toute production en 1969, date à laquelle les Salins du Midi rachètent le domaine des Pesquiers, sur la route de la presqu'île de Giens, plus grands et plus aisés à exploiter. De 1982 à 1992, une timide relance de l'activité voit le jour sur les Vieux Salins, tentative éphémère qui s'achève par l'abandon des lieux pendant près de 10 ans, jusqu'à ce que le Conservatoire du littoral s'en porte acquéreur.

## *Un retour à la nature synonyme de biodiversité*

Quand le ciel se confond avec les eaux des Vieux Salins

Fermés au public depuis toujours, inexploités depuis 1992, les Vieux Salins s'apparentent à un sanctuaire naturel. Du coup, profitant d'une totale quiétude, les oiseaux nicheurs ou hivernants s'y réfugient en nombre, la nature y retrouve ses droits, les pinèdes s'y développent. L'intérêt biologique du site s'avère aujourd'hui exceptionnel. Avocettes, échasses blanches, tadornes de Belon, aigrettes garzette s'y rencontrent selon les périodes, quant aux flamants roses, ils deviennent emblématiques des damiers des salins. C'est aussi le règne des insectes, de certains poissons qui affectionnent les milieux lagunaires ou des plantes halophiles (qui aiment le sel), à l'instar de la salicorne ou de la soude (sansouïre).

Pour maintenir la biodiversité, il convient aujourd'hui de réhabiliter certains canaux, de veiller au bon fonctionnement des stations de pompage, de rénover les écluses appelées ici « martelières » et les ouvrages secondaires en bois dénommés « canons »... La variété des espèces animales et végétales est directement liée aux variations régulières du niveau de l'eau et de la salinité. Tout un univers qu'il convient de sauvegarder.

Cistude d'Europe

### Les cistudes d'Europe

Grâce à l'eau douce du canal de ceinture, le site abrite une belle population de cistudes d'Europe, la tortue naturellement présente dans les milieux d'eau douce de la région, que vous aurez peut-être la chance d'apercevoir lors de votre venue. Attention : cette espèce est rare et protégée.

### Jeux d'amour

Les premières parcelles des salins, les bassins les plus proches du rivage en communication directe avec la mer, constituent la zone de reproduction par excellence des loups et des dorades. D'autres poissons, comme les mulets, les soles ou les anguilles parcourent également les canaux et les plans d'eau salins, assurant ainsi une richesse piscicole qui tend à égaler la variété de l'avifaune.

balade

# Sentier littoral et **Levée Saint-Nicolas**

**Par le biais de deux itinéraires complémentaires, les Vieux Salins d'Hyères dévoilent tour à tour leur faiblesse et leur force : un cordon dunaire fragile qui les sépare de la mer, un immense damier patiemment élaboré par l'homme.**

*➤ Débutez par la plage sableuse qui s'étend de Port Pothuau en direction de La Londe ❶.*

Au loin se détache la Pointe de Brégançon, et au large la silhouette des îles vous accompagnera tout le long de la balade (à l'est les îles du Levant et de Port-Cros qui semblent attachées, au sud-est Porquerolles, et au sud la partie Est de la presqu'île de Giens avec la Pointe de la Badine). Sur ce cordon dunaire qui se rétrécit peu à peu s'épanouissent des espèces végétales inféodées au milieu sableux, comme le lys de mer, le chardon des dunes (emblème du Conservatoire) ou la carotte maritime.

*➤ Poursuivez votre chemin et prenez le temps d'étudier le faciès de la dune ❷ !*

Un équilibre aléatoire s'est instauré entre terre et mer. Des herbiers de posidonie, dans l'eau, protègent la plage d'une trop forte érosion. Plus haut, au sommet de la maigre dune, une zone sèche permet à quelques pins pignons et pins d'Alep de survivre à l'écart d'une salinité mortelle. Et en contrebas, de l'autre côté de la clotûre en ganivelles, une dépression humide marque l'arrière-dune, domaine des roseaux et des tamaris.

*➤ Continuez encore un peu jusqu'aux arbres morts et aux bosquets de pins ❸.*

La fragilité du cordon dunaire s'expose ici clairement. Une sécheresse récurrente, l'élévation du niveau de la mer, l'augmentation de la salinité du sol, autant de causes pour un même constat : les pins pignons, plus fragiles que les pins d'Alep, s'assèchent. Les vagues, ayant sapé les rives, baignent désormais des souches et des racines dégagées de tout substrat. Jusqu'à 10 mètres de recul du trait de côte en deux ans ! Quant aux actions d'enrochement visibles un peu

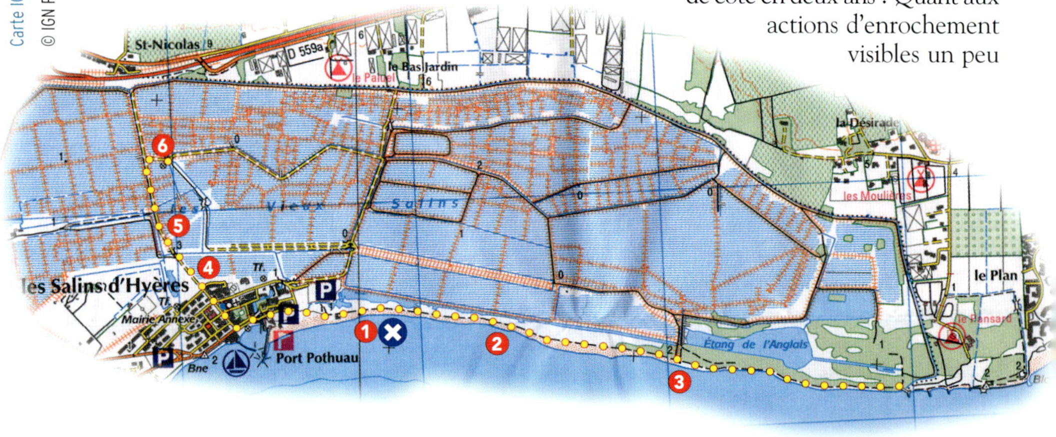


Carte IGN 3446 OT (1 cm = 315 m)

plus loin, leur efficacité est aléatoire, surtout dans ce milieu sableux. L'étang de l'Anglais en contrebas, repaire des canards et autres cormorans, et les salins qu'on devine en filigrane, sont-ils à la merci d'une invasion marine ?

➤ *Poursuivez jusqu'au Port de Miramar si vous le souhaitez puis revenez sur vos pas et traversez une partie du village des Salins pour gagner vers la droite la levée Saint-Nicolas. Franchissez le portail d'entrée et observez le plan d'eau sur votre droite* ❹.

Cette partie du domaine, en relation directe avec la mer, est riche en poissons. Vous aurez peut-être la chance d'y apercevoir le martin-pêcheur qui s'y nourrit régulièrement. De l'autre côté de la piste surélevée s'étend la sansouire avec ses plantes halophiles typiques, salicornes et saladelles notamment.

➤ *Avancez jusqu'au panneau présentant les formations végétales remarquables et le plan du site* ❺.

Il y est notamment question des plantes exotiques invasives qu'il ne faut pas laisser proliférer : herbe de la pampa, mimosa, griffes de sorcière... Observez aussi dans le canal le repère indiquant la hauteur d'eau : le premier trait rouge avec un 0 indique le niveau de la mer, le second trait supérieur + 50 cm.

➤ *Le second panneau expose la richesse faunistique du site. La maison ouverte au public est dédiée aux oiseaux. La terrasse constitue un excellent point d'observation, n'oubliez pas vos jumelles* ❻ *!*

C'est de ce poste de vigie que vous aurez le meilleur point de vue sur l'étendue des salins. Vous observerez sans doute de nombreuses variétés d'oiseaux mais rappelez-vous que toute cette richesse ornithologique est aussi le fruit du labeur de générations de saliniers qui ont bâti le damier des salins et les biotopes idéaux pour tant d'êtres vivants.

➤ *Retour au portail par le même itinéraire.*

## Pratique

Depuis la N8 en provenance d'Hyères, trois kilomètres avant La Londe-les-Maures, prendre la petite D12 en direction des Salins d'Hyères. Traverser le village jusqu'au Port Pothuau et franchir un pont étroit couplé à une martelière en bois appelée "Porte de la mer". Parking au départ du sentier du littoral (ou à côté du stade, de l'autre côté du village).

Pour accéder à la Levée Saint-Nicolas, du parking, revenir à pied au port Pothuau et suivre sur la droite la rue principale qui conduit directement au portail du site des Salins. Compter une dizaine de minutes de marche entre les deux sites.

Prévoyez 2 h pour ces deux balades accessibles à tous. Pas de dénivelée, cheminement sur piste large.

La levée Saint-Nicolas est ouverte au public du mercredi au dimanche (horaires variables selon saison, se renseigner). Il n'existe aucun point d'ombre sur cette piste surélevée, n'oubliez ni casquette ni crème solaire en été !
La baignade est possible sur la plage reliant Port Pothuau à La Londe.
Des visites guidées du site sont proposées. Renseignements au 04 94 01 36 33 ou sur www.tpm-agglo.fr, rubrique « Découvrir l'agglomération ».

# 16 Porquerolles, **l'île mosaïque**

**La plus grande des îles d'Hyères possède un patrimoine naturel et paysager remarquable. Acquise pour l'essentiel par l'Etat en 1971, gérée par le Parc national de Port-Cros depuis 1985, elle est aussi un site classé depuis 1988. Emerveillement insulaire garanti.**

Porquerolles est un vaste croissant de 1 257 ha aux pointes tournées vers la côte. Toute proche de la presqu'île de Giens, elle ferme, avec Port-Cros et l'île du Levant, la rade d'Hyères. Convoitée depuis 600 avant J.-C. au moins, elle sera au gré des époques, havre pour village de pêcheurs, escale appréciée du cabotage méditerranéen, repère de pirates, bastion militaire, champ d'expérimentation agricole, conservatoire de richesses naturelles. Autant de vocations qui laissent leurs traces dans tous les paysages.

## *Un littoral aux accents contrastés*

La frange littorale oppose le sud, protégé par d'abruptes falaises plongeant dans la mer, et le nord ourlé de plages et ponctué de vestiges militaires. A chaque pointe, un fort, semblant taillé dans le rocher, scrute le large et garde les criques. Un air d'outre-mer plane sur des plages paradisiaques sous le regard de meurtrières aussi discrètes que désuètes. Impressions partagées entre puissance de l'architecture militaire et séduction éternelle des eaux turquoises léchant le sable clair.

## *Cultures et forêts*

Dans l'intérieur de l'île, un maquis sombre, haut et dense, sous le couvert de pins et surtout de chênes verts, cerne quatre plaines cultivées aménagées dans les dépressions.

Après le grand incendie de 1897 qui ravage la quasi-totalité de l'espace, l'île connaît une importante période d'aménagement. François-Joseph Fournier, enrichi par l'exploitation de mines d'or et d'argent au Mexique, l'achète en 1912 et y met en valeur l'espace agricole et forestier : développement de pistes, plantations paysagères (eucalyptus, palmiers, pins parasols) et brise-vent (cyprès), implantations de cultures variées (vignes, agrumes, maraîchage…). Une centaine de personnes font vivre une exploitation qui se veut modèle. Brève espérance ruinée par la mort du propriétaire en 1935. Occupée par les Allemands puis abandonnée, l'île verra la nature reprendre progressivement ses droits.

Allée de pins parasols

## *D'ici et pas d'ailleurs*

Faune et flore des îles, confrontées à l'isolement, sont en revanche très originales. Porquerolles ne déroge pas à la règle. Bien des espèces vivant sur ce millier d'hectares sont rares ou inféodées à quelques îles voisines. On y compte 24 plantes protégées pour leur intérêt national et 37 inscrites au livre rouge de la flore menacée en France. Parmi ces trésors, vous verrez le genêt à feuilles de lin dans le maquis, la passerine hirsute et le statice nain dans les creux de rochers, peut-être les clochettes blanches de la nivéole d'été qui fleurit… en fin d'hiver (!) ou le très rare pied d'alouette de Requien ! Votre chemin croisera peut-être celui de la tortue d'Hermann en voie de disparition ou de l'étrange lézard hémidactyle, si vous sortez le soir, à moins que vous n'entendiez les hurlements des puffins gagnant, dans les falaises, leur terrier de nidification. Soyez prêts ! L'île réserve bien des surprises.

Côte sud de Porquerolles

### Un Conservatoire botanique méditerranéen à Porquerolles, pour quoi faire ?

Depuis la dernière glaciation, le pourtour méditerranéen a servi de refuge à de nombreuses espèces mais connu aussi une pression croissante des activités humaines. Ainsi, 75 % de la flore nationale la plus menacée se trouve dans le sud de la France. Le Conservatoire botanique méditerranéen tente de sauvegarder cette richesse. Inventaires, études, expérimentations sont nécessaires pour conserver au mieux les espèces dans leur milieu et en dehors (banque de graines, boutures, cultures…). Les collections comprennent des graines de 2 000 espèces sauvages et des plants de nombreuses variétés cultivées : oliviers (152), pêchers (194), figuiers (212), mûriers (40)… Le patrimoine génétique sauvage ou domestique ainsi préservé est une ressource porteuse d'avenir pour l'amélioration de nos variétés cultivées, de nos médicaments, de nos biotechnologies.

balade

# Le Langoustier, **un eden retrouvé**

**La presqu'île du Langoustier, affectée en 2006 au Conservatoire du littoral, a tout pour plaire : plage, falaises, patrimoine naturel et historique. Après un passé mouvementé, la nature y a repris ses droits.**

➤ *Du port, montez au village. Prenez la première rue à droite vers le Langoustier puis à 800 m, sous les pins ❶, vers la plage d'Argent.*

Une île, une plage, des pins… et au bout du rêve, un piétinement intense qui déchausse les racines des grands résineux. Parfois, la plage se couvre de feuilles beiges, en lanières, arrachées par la mer aux prairies sous-marines de posidonies. Ce tapis protège le sable et abrite de nombreux invertébrés consommateurs de débris végétaux.

➤ *Sortez à gauche en bout de plage et poursuivez vers le Langoustier. Le paysage s'ouvre sur l'anse Bon Renaud ❷.*

Le vent d'Est et les embruns érodent une pente où la végétation au sol manque. Pose de clôtures, dépôt de vieux troncs fixant la terre et plantations de pins tentent de restaurer un couvert végétal durable.

➤ *Passez un petit col et descendez. Point de vue sur la baie du Langoustier au premier lacet ❸.*

Face à vous, le maquis à myrte, bruyère arborescente, filaire, pistachier lentisque, arbousier, est couché au sol par le vent. Le pin d'Alep prospère tout près de la mer où il supporte l'attaque des embruns et n'est pas supplanté par le chêne vert comme à l'intérieur de l'île. Faute d'espace, la compétition est sévère en milieu insulaire.

Carte IGN 3446 OT (1 cm = 333 m)

*➤ Descendez jusqu'à la plage ❹.*

Un paradis… et pourtant. Le sable noir rappelle l'existence d'une usine de fabrication de soude (destinée aux savonneries de Marseille) installée sur l'île car elle dégageait du gaz chlorhydrique. De 1827 à 1875, elle dégradera le site : déforestation pour l'alimentation des fours et accumulation de déchets sur la plage. Le creusement d'un chenal pour l'accès des bateaux exposera aussi la baie à l'érosion de la houle. Des actions de protection sont en cours (apport de terre, plantations…) que vous découvrez en avançant sur l'isthme. Notez le contraste avec la plage nord, au sable blanc et aux falaises orange de grès ferrugineux.

Grand Langoustier

*➤ Montez vers le fort ❺ et redescendez en boucle par la gauche.*

Face au large, la végétation est exposée ici aux attaques des embruns chargés d'hydrocarbures. Nécrose des feuilles et mort peuvent s'en suivre. Avant de céder la place au rocher et au point de vue, le maquis cache quelques pins d'Alep rampants à la ramure tentaculaire.

*➤ Reprenez le chemin d'arrivée et bifurquez à droite vers la calanque de Brégançonnet située à 2,4 km ❻. Suivez bien le fléchage.*

Cette minuscule calanque rocheuse illustre l'habitat que les puffins cendrés et yelkouans recherchent. Très craintifs, ces grands oiseaux de mer, nocturnes et bruyants, nichent sur les îles seulement dans des creux de rochers inaccessibles. Leurs populations sont menacées de disparition car les rats et les chats, introduits, mangent œufs et poussins. Un programme européen tente de les en protéger et d'assurer leur avenir.

*➤ Poursuivez à travers bois et vignes jusqu'à retrouver une autre piste où vous tournez à droite vers le port ❼.*

## Pratique

Embarquement à la Tour Fondue (presqu'île de Giens) ou au Lavandou (cf. contacts des compagnies dans l'encadré sur Port-Cros p. 97).

Site géré par le Parc national de Port-Cros. Tél. : 04 94 12 82 30.

La balade commence dès la descente du bateau.

Comptez quatre à cinq heures, de montées et de descentes sur une grande partie du parcours. Ce parcours ne peut être réalisé dans sa totalité en vélo. Pour un itinéraire adapté, renseignez-vous à la maison du Parc à Porquerolles une fois arrivé. Tél. : 04 94 58 07 24.

A l'entrée de la Maison du Parc, au cœur du village, le jardin des palmiers présente une variété de plantes exotiques et indigènes, véritable panorama des flores méditerranéennes du monde. Tél. : 04 94 58 07 24.

# 17 Port-Cros, l'**enfer** et le **paradis**

**Sur cette île sauvage, une chapelle, une école, une poste, un café et la Maison du Parc national. Rien d'autre d'humain cinq mois de l'année. Environ 35 âmes habitent là dans une crique, le reste appartient à la forêt et à la mer, aux oiseaux et aux tortues, aux geckos et aux mérous.**

Survivance du vieux plissement hercynien au cœur d'une Provence calcaire, les îles d'Hyères (« Lis Isclo d'or » comme disait Mistral) ont frappé l'imagination par leur alignement (d'où un autre surnom, les « Stoechades ») et sans doute par l'éclat des micaschistes qui en constituent l'ossature. Mais il y a une dizaine de millions d'années encore, Maures, îles d'Hyères, Corse et Sardaigne ne faisait qu'un. La dérive de l'Afrique, et celle de la Corse et de la Sardaigne, briseront cette unité, créant par effondrement une fosse marine de 2 000 m à quelques miles au sud de Port-Cros ! Rien de tel entre les îles et la côte où les fonds ne dépassent guère 100 m… des fonds découverts à trois reprises par l'abaissement de la mer lors des dernières glaciations et réunissant de nouveau, pour quelque temps, la chaîne des îles d'or au continent.

## *Une jungle récente*

Port-Cros a des allures d'enfer verdoyant, un brin tropical, presque étouffé par un couvert de yeuses (chênes verts) au sous-bois sombre envahi de bruyères arborescentes et d'énormes arbousiers. La forêt ne cède à la mer qu'une étroite frange littorale de rochers ocres, presque nus. De grands pins d'Alep en émergent, signe qu'il n'en a pas toujours été ainsi car l'espèce, pionnière, ne germe qu'au grand soleil. Cette jungle presque impénétrable n'a que quelques décennies. Elle est sévèrement exploitée au cours des siècles passés par les vagues de colons puis, dans le premier tiers du XIXe, pour le four de l'usine de fabrication de soude à Port-Man. Les besoins agricoles font se multiplier les restanques. A la fin du siècle, l'agronome Noblet défriche pour planter mûriers, vignes et artichauts, développe l'élevage des moutons et des chèvres. L'arbre se fait rare. Au cœur de l'île, la vieille ferme de la Sardinière, aujourd'hui phagocytée par la forêt, témoigne de cette profonde mutation paysagère.

Le village de Port-Cros

## *Féerie sous-marine*

Le vrai paradis de Port-Cros est sous les eaux et a motivé le classement en Parc national dès 1963. Si le phoque moine a quitté les îles d'Hyères depuis les années 1920, si la grosse tortue Caouane n'est que rarement observée, des merveilles restent à découvrir facilement dans des eaux cristallines et peu profondes. Dès la première plongée, la diversité de la vie le long de ces côtes rocheuses s'impose : poissons multicolores aux profils variés (saupes, crénilabres, girelles, serrans...), algues multiformes (codium en boule, padine, coralline, lithophylle encroûtante...), étoiles et anémones de mer, coquillages blottis dans les rochers ou enfouis dans le sable au cœur des herbiers de posidonies (grande nacre). Il faudrait un carnet sous-marin pour noter bien des détails aidant à identifier les espèces et les comportements... ou commencer par une initiation au sentier sous-marin de la Palud.

Perdrix rouge

### Un vaste sanctuaire marin

Au nord-ouest de la Méditerranée, des îles d'Hyères à la Sardaigne, vivent 3 espèces de dauphins, la baleine de Cuvier, le globicéphale noir, le cachalot et le grand rorqual. Tous peuvent y être vus en été. Leur existence est confrontée à un intense trafic maritime, aux pollutions, aux filets des pêcheries industrielles, au dérangement croissant par un tourisme incontrôlé. Aussi, depuis 2002, cet espace marin de 87 500 km² baptisé "Pélagos" a acquis le statut de sanctuaire marin. La France, l'Italie et la principauté de Monaco y développent des actions en faveur des cétacés : études des populations, réglementations maritimes, sensibilisation du public. Ces mammifères si étranges et attachants, compagnons de nos voyages en mer et de nos rêves, méritent bien qu'on leur assure un avenir.

balade

# Cavalcade entre **mer et forêt**

**D'une crête, d'une crique, d'un cap, le regard à Port-Cros cherche la mer à travers la dense forêt de chênes verts. Chaque ouverture révèle des points de vue intimes ou infinis. Entre-temps, la forêt vous dévore, les arêtes de rocher vous bousculent, la Grande bleue vous inonde de bonheur.**

➤ *Dès le pied posé sur le rivage du port, le monde marin vous happe.*

Mulets et saupes broutent les algues des rochers qui croissent dans le tapis d'anémones de mer. Tout au fond de l'anse, une prairie de posidonies, d'ordinaire sous-marine, se hisse en surface sur ses propres débris formant un « récif barrière », exceptionnel en Méditerranée.

➤ *Longez la Poste, montez à gauche vers le sentier des plantes et contournez le fort du moulin* ❶.

Des fissures de rochers, un étrange gecko nocturne (phyllodactylle) vous épie peut-être. Passé le petit cimetière en forme de cœur, un maquis façonné par le vent déploie la palette de vert des genévriers de Phénicie, lentisques, myrtes et des euphorbes arborescentes qui donnent à ce bout de l'île un air corse.

➤ *Après une bifurcation à gauche, cette cavalcade face aux rochers du Rascas vous mène à la Palud* ❷.

Une haie de cannes de Provence, indice de la présence d'eau douce, souligne le rivage, doublée d'un matelas de feuilles de posidonies qui protège la plage de l'érosion.

Carte IGN 3446 ET (1 cm = 250 m)

Sentier des plantes

Les tamaris, tolérant au sel, se risquent au plus près du ressac. Dans l'eau cristalline, le sentier sous-marin révèle, en été, ses étoiles de mer et oursins, ses bancs de girelles, sars, daurades, l'ondoiement des herbiers, et, rarement à si faible profondeur, la grande nacre.

➤ *Echappez-vous par l'escalier taillé dans le schiste et suivez le littoral jusqu'au col de la Galère.*

Peu avant ❸, une trouée dans la forêt vous a ouvert un panorama. Les îles s'y enchaînent en une longue dorsale entrecoupée par la mer où par-delà le fort de l'Estissac, se succèdent l'île de Bagaud, Porquerolles et tout au loin Giens finement reliée au continent par son « tombolo ». Au col ❹, aperçu des falaises maritimes hébergeant à Port-Cros des oiseaux d'ordinaire montagnards : grand corbeau, faucon pèlerin, merle bleu.

➤ *Dévalez jusqu'à Port-Man ❺.*

Les pentes rocheuses creusées de cavités abritent des puffins, cendré et yelkouan. Ces seigneurs des mers ne mettent l'aile à terre que le temps de nicher, sur les îles, la nuit. Ils sont à peine quelques centaines de couples en France, victimes, à Port-Cros, des chats sauvages que le Parc national s'efforce de retirer de l'île.

➤ *Gagnez la bifurcation vers « Le tuf » ❻ où vous descendez en aller-retour au bord de mer.*

Etrange paysage ocre, découpé au couteau… et pour cause. Ce tuf, issu d'une dune fossile constituée par un dépôt éolien de la dernière glaciation fut encore récemment exploité pour la construction de maisons sur l'île.

➤ *Poursuivez jusqu'à la maison en rondins des Quatre chemins ❼. Prenez à gauche et juste après à droite.*

Le retour vers le port traverse d'anciennes restanques restaurées par le Parc pour leur valeur paysagère. Une flore messicole (habitant les moissons) y est même réapparue.

## Pratique

Embarquement au Lavandou ou à Hyères. Les voitures restant sur la côte, il faut tout prévoir dans le sac. Se renseigner sur les horaires saisonniers au départ du Lavandou, tél. : 04 94 71 01 02, www.vedettes- ilesdor.fr ou de Hyères, tél. : 04 94 57 44 07, www.tlv-tvm.com. Quelques possibilités d'hébergement. OT. Hyères, tél. : 04 94 01 84 50.

La balade commence au quai d'embarquement de Port-Cros.

L'île est un Parc national dont la moitié-Est est essentiellement la propriété du Conservatoire du littoral.

Comptez quatre heures et 130 m de dénivelé. Prévoir de l'eau douce en suffisance.

Visitez l'exposition du Fort de l'Estissac consacrée aux richesses biologiques sous-marines de Port-Cros. Renseignements au 04 94 01 40 70, www.portcrosparcnational.fr

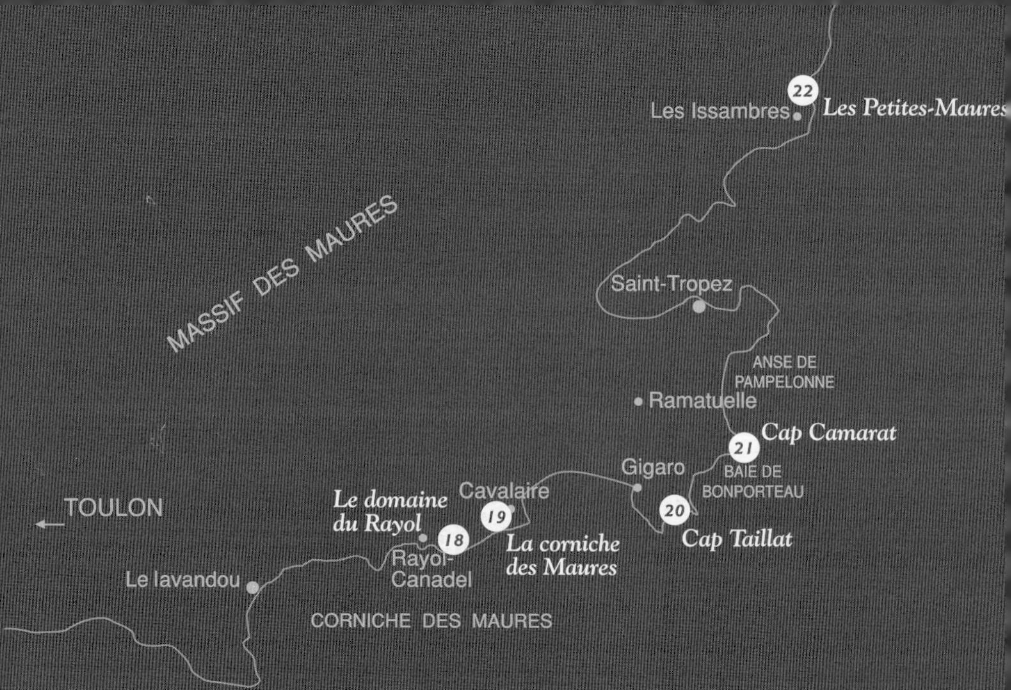


# Massif des Maures

C'est un massif aux forêts denses (du provençal « maouro » qui signifie « bois sombre ») qui s'enfonce dans la mer par une côte découpée où alternent caps, criques, pointes, îles et îlots rocheux.

De la Corniche des Maures, seule fenêtre restée naturelle où le massif plonge encore dans la mer, à la presqu'île de Saint-Tropez dont les caps s'avancent fièrement vers le large, jusqu'aux Petites-Maures qui constituent l'extrémité orientale du massif, ce territoire à forte identité et au caractère sauvage est le royaume des forêts de pins et de chênes et du maquis verdoyant.

# 18 Le **Domaine du Rayol,** jardin des méditerranées

**Les jardins du Rayol se cachent au cœur de la corniche des Maures. L'immersion dans ce site atypique du Conservatoire du littoral transporte le promeneur dans un magnifique tour du monde paysager, souligné par le patrimoine architectural de la Belle Epoque.**

Admirer les paysages des Maures, s'émerveiller de la beauté et de la magie des plantes, comprendre l'évolution d'un site naturel à travers son histoire humaine, plonger dans le monde sous-marin de la côte varoise… Le Domaine du Rayol est une invitation à la découverte des paysages méditerranéens de la planète.

## *Une mosaïque de jardins*

C'est Henry Potez, second propriétaire du domaine, qui, en 1939, introduit dans la propriété près de 400 espèces végétales exotiques. Cinquante ans plus tard, le Conservatoire du littoral cherche à valoriser ce patrimoine végétal exceptionnel. Sur une idée originale de Gilles Clément, des paysages naturels associés aux régions du monde de climat méditerranéen sont évoqués. Diverses formations végétales se côtoient au fil d'un voyage original et surprenant : sud-est de la Californie, Chili central, région du Cap en Afrique du Sud, Australie méridionale et bien sûr pourtour méditerranéen. Le patrimoine architectural du début du XX<sup>e</sup> siècle, conçu par le célèbre Guillaume Tronchet, participe au charme du site.

Un tour du monde végétal orchestré par le paysagiste Gilles Clément

## Végétaux méditerranéens du monde

A l'origine couvert de maquis et de pinèdes, le site accueille aujourd'hui une extraordinaire diversité de plantes méditerranéennes. La caractéristique commune de cette flore réside dans son incroyable adaptation à la sécheresse estivale, au vent, à la proximité de la mer et aux passages répétés des incendies (black boy, banksia, rince-bouteille, chêne-liège). Des plantes sub-désertiques, encore plus résistantes à la sécheresse, s'agrippent sur une rocaille évoquant le Mexique (agave, yucca, figuier de Barbarie). Ce jardin mexicain, ainsi que ceux chinois et néo-zélandais, constituent quelques escapades – arides ou au contraire humides – hors climat méditerranéen.

## Monde des jardins, monde marin

Grâce au mode écologique d'entretien des jardins, limitant engrais et pesticides et allant le plus possible dans le sens de la nature plutôt que contre elle, beaucoup d'animaux ont pu se maintenir sur le site : on y rencontre des tortues d'Hermann, des lézards verts et des murailles, des salamandres tachetées, des rainettes méridionales, des couleuvres. Les abeilles des ruches participent à la pollinisation des plantes. Des rapaces, l'aigle de Bonelli et le circaète Jean-le-Blanc survolent les lieux. Dans les criques, les herbiers de posidonies, les fonds rocheux et sableux accueillent mérous, rascasses, raies pastenagues, congres, murènes, qui côtoient les poulpes et les seiches. Les étoiles de mer et des coquillages, porcelaines et murex notamment, illuminent ce milieu où évoluent également dentis et orphies.

Circaète

### Histoires et traditions

Grâce à son poids très stable (189 à 205 mg), la graine du caroubier, espèce cultivée depuis l'Antiquité sur tout le pourtour méditerranéen, servait d'étalon pour peser les épices et les pierres précieuses. En arabe, queirat désigne la graine et a donné son appellation au carat des diamantaires (200 mg).

Avec certaines espèces d'agaves, les Aztèques préparaient du "pulque", une bière légère obtenue par la fermentation de la sève. Sa distillation permettait d'obtenir une boisson, beaucoup plus forte, la Tequila. Ils confectionnaient également du rouge carmin, extrait des cochenilles de figuiers de Barbarie.

### Pompons rouges rince-bouteilles

Les inflorescences d'un rouge éclatant du callistemon évoquent le goupillon d'un rince-bouteille, bottle-brush en anglais. En Australie, les aborigènes concoctaient un sirop en les trempant dans l'eau. Les grappes de fruits ligneux protègent les graines du feu et s'ouvrent pour les libérer après son passage.

balade

# Invitation au **voyage**

**La visite du Domaine du Rayol invite à découvrir son histoire, à interpréter les paysages et mieux connaître l'écologie des plantes et leurs usages traditionnels à travers le monde. Laissez-vous tenter par un voyage dépaysant dans les jardins.**

➤ *La visite commence sur la terrasse de l'Hôtel de la Mer ❶.*

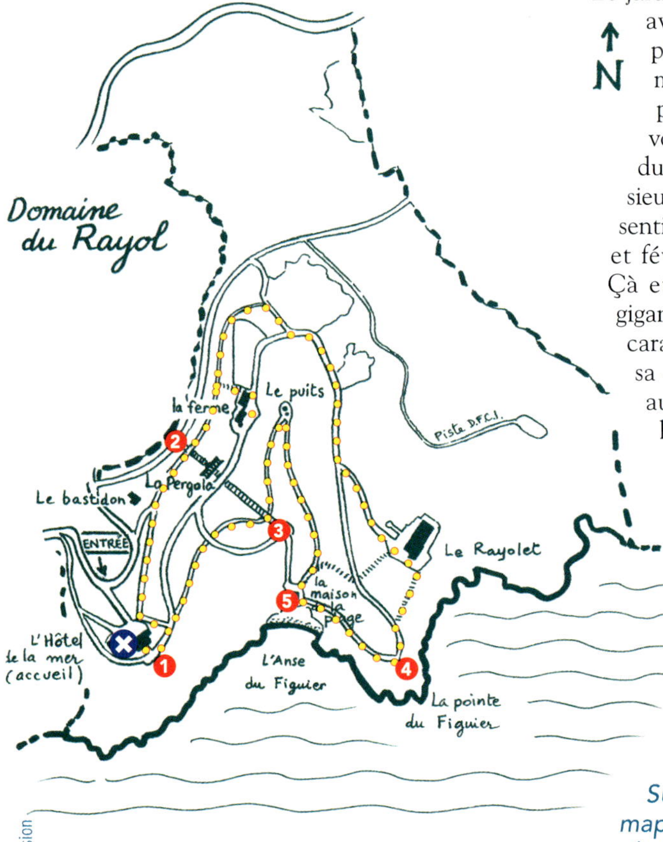


Le jardin des Canaries ouvre la marche avec de magnifiques dragonniers, plantes autrefois sacrées et emblématiques de cet archipel. Un peu plus loin, c'est le bout du monde ; voici le jardin australien, le plus vaste du domaine, où s'épanouissent plusieurs espèces d'acacias qui colorent le sentier de jaunes étincelants en janvier et février et enivrent le promeneur. Çà et là se dressent des eucalyptus gigantesques. Le black boy centenaire, caractéristique du bush, témoigne de sa capacité extraordinaire à résister au feu induisant sa floraison. Puis l'œil s'évade dans une prairie de "pattes de kangourous" qui fleurissent en mai-juin.

➤ *En haut de l'escalier d'inspiration mauresque ❷, bordé de belles rigoles de pierre s'ouvre une perspective vertigineuse ; on survole la pergola, depuis la mosaïque de galets dessinant la fleur de Protea, emblématique d'Afrique du Sud, jusqu'à la mosaïque de la mappemonde (située en point ❸), symbolisant les pays de climat méditerranéen.*

Le jardin sud-africain fut le premier créé par le Conservatoire du littoral. Ce jardin évoque la région la plus fleurie du globe et offre au promeneur une palette de couleurs étonnantes : oiseaux du paradis, erythrine, aloes, polygale… Le maquis sud-

Illustration de Dominique Mansion

africain évoqué, le fynbos, regorge d'une grande diversité de plantes : bruyères, restios, protéas dont l'inflorescence ressemble à un gros artichaut pourvu d'écailles roses. Au détour d'un sentier fondu dans le paysage, vous voici au Mexique, paysage aride et sec où le soleil frappe comme du plomb sur les terrasses plantées de cactus et de yuccas. Plus bas, en juin, un spectaculaire bleu curaçao colore tout un coteau de fleurs de puyas du Chili.

*➤ Redescendez sous la villa du Rayollet ❹.*

Depuis le belvédère, admirez le cap Nègre, les îles du Levant, de Port-Cros et de Bagaud. Dans l'eau, les herbiers de posidonie donnent à la mer une teinte d'un vert profond.

*➤ Arrêtez vous à la Maison de la Plage ❺, base de l'activité estivale de découverte du jardin marin.*

Au retour, vous vous enfoncez dans la luxuriance du jardin néo-zélandais, au milieu de magnifiques fougères arborescentes. Admirez la douceur d'une prairie de graminées caressée par le vent. Longez le cours d'eau jusqu'au cœur du jardin chinois où coule une petite cascade à l'ambiance intime et romantique, proche d'un puits ombragé.

## Pratique

A partir du Lavandou, suivez la D 559 en direction de Cavalaire jusqu'au Rayol-Canadel. A la sortie du village, prenez à droite vers la mer pour rejoindre le Domaine du Rayol. Un parking se trouve à l'entrée du site.

Pour visiter les jardins, vous pouvez suivre l'itinéraire de découverte indiqué sur le dépliant fourni à l'entrée. L'accès au domaine est payant. Des expositions thématiques sont proposées dans les différents bâtiments.

La visite guidée est très agréable et donne toutes les clés de compréhension de ce projet particulier. Elle dure de 1 h 30 à 2 h, libre à vous de vous promener ensuite tranquillement dans le jardin. Des audioguides sont également proposés.

Chaque saison et même chaque semaine offre son lot de découvertes, de diversité et d'émerveillements. En été, un sentier marin est ouvert ; des soirées musicales sont proposées. Des visites spécialisées sont proposées, ainsi que des stages de formation sur les jardins, les plantes, et le lien art et nature.

Le Domaine du Rayol est ouvert tous les jours de 9 h 30 à 17 h 30 en hiver et 19 h 30 en été. Renseignements et inscriptions, tél. : 04 98 04 44 00. Site : www.domainedurayol.org

# 19 La corniche des Maures, **une bouffée de côte sauvage**

**Ceinturé de Toulon à Fréjus par une étroite dépression où règnent la vigne et le pin parasol, le vieux massif des Maures domine la mer de plus de 700 m. Sur 10 km, de Cavalière à Cavalaire, son versant maritime plonge brutalement dans la mer en une corniche aux accents kabyles.**

Les paysages métamorphiques sombres des Maures contrastent avec ceux, sédimentaires et lumineux, de la Provence calcaire. De fortes pentes, sur la corniche maritime surtout, mais peu de véritables falaises. Un sol acide, rugueux, tranché sans cesse de lames saillantes que les paillettes de micaschistes font scintiller au soleil. Ces reliefs, voués au maquis et à la forêt, sont marqués, comme dans l'autre Provence, par les incendies. Cistes, bruyères à balai, lavande des Maures reconquièrent sans cesse les espaces balayés par les flammes. Mais le plus petit départ de feu peut y tourner au désastre et menacer une population densément implantée face à la mer ou isolée dans les massifs boisés.

## *Métaux, liège et châtaigne*

L'histoire géologique mouvementée de la région lui a valu longtemps sa richesse minière tirée de métaux précieux : antimoine, plomb, zinc, argent (La Londe-les-Maures), chrome (Cavalaire), cuivre (Carqueiranne). Les mines fermées, une exploitation des ressources naturelles subsiste autour d'essences ligneuses adaptée aux sols siliceux. Le démasclage du liège n'est plus recommandé car outre la concurrence des bouchons en plastique, il stresse les arbres aujourd'hui exposés aux sécheresses et aux attaques d'un insecte

Calycotome villosus

parasite (Platypus). Mais le marché du pétrole, toujours en hausse, ouvre au chêne-liège une nouvelle perspective… celle de bois de chauffage après trituration. Etonnante reconversion de cette essence naturellement adaptée pour résister aux flammes et en même temps excellent bois de feu ! C'est la production de la châtaigne, entretenue par diverses fêtes réputées, qui reste la plus vivace, surtout dans le nord du massif.

## *Une trouée verte*

Sur le littoral, l'économie est tournée vers la mer. Dès 1890 et jusqu'en 1948, le « Macaron », petit train littoral reliant Toulon à St Raphaël, initialement chargé d'un fret de bouchons de liège, fait dès 1936, découvrir cette côte sauvage aux premiers vacanciers. L'urbanisation ne saurait tarder et dévore la côte dans les années 1970. La corniche des Maures, trop abrupte et trop difficile à viabiliser, échappe à la gangrène. Sa préservation prend une valeur symbolique au cœur d'un corridor bétonné depuis la frontière italienne. Le temps est venu de la maîtrise foncière. Dès 1977, date de la donation emblématique de la propriété Foncin, le Conservatoire engage une active politique de protection (102 hectares préservés aujourd'hui).

Blaireau

### Foncin, un homme, une œuvre, une demeure

Historien et géographe de formation, Pierre Foncin (1841-1916) est un pédagogue, patriote, régionaliste. De ses nombreux ouvrages scolaires où il aborde la géographie en lien avec l'histoire, le volume "Première année de géographie" sera vendu à 460 000 exemplaires en 1881 ! En fervent promoteur de notre culture au sein de "l'Alliance Française", se sentant investi d'une mission civilisatrice, il publie "Patrie française", manuel d'enseignement de notre langue longtemps utilisé aux Etats-Unis. Mais le géographe est aussi soucieux de l'aménagement du territoire et défend que l'arrondissement et la région sont "les unités locales naturelles de la France". A Cavalaire, dans la grande demeure blanche du Castéou dou Souléou qu'il fait construire en 1890, il se ressource et mûrit bien des projets. Sa fille fait donation de ce domaine de 16 ha au Conservatoire du littoral en 1977.

balade

# Face à face avec la **mer**

**La balade en balcon sur la mer est aérienne, baignée par la végétation qui distille avec art ses plongées sur d'inaccessibles criques, ses effets de lumière sur la houle, ses bouquets fleuris, ses senteurs. Paysage abrupt et sauvage, dominé par la grande maison blanche plantée sur la colline, amer apprécié**

➤ *Du parking, allez au vallon du Fenouillet ❶. Juste après la traversée du ru, prenez à gauche pour le longer.*

Maison Foncin

Quelle luxuriance – presque déplacée en Provence – dans ce vallon abrité des regards ! Fraîcheur, humidité du sol et humus obligent. De grands aulnes glutineux s'élèvent le long du ru ; la canne de Provence couvre de sa voûte le chemin ; tels des gnomes, les tubes verts du petit arum émergent d'un tapis herbacé et, en pied de pente, de vénérables chênes lièges offrent leur ombre généreuse. Dans les fourrés, fauvettes et mésanges pépient et au cœur des gros bois morts, les larves des lucanes, des grands capricornes et des scarabés rhinocéros (un des plus gros insectes de France) accomplissent le recyclage consciencieux de la matière organique. Insouciant, un blaireau a fait dégueuler le déblai de son terrier en travers du chemin.

➤ *Gagnez la plage de Bonporteau ❷ en suivant le ruisseau.*

Entre deux falaises brunes de micaschistes, la petite calanque abrite eaux turquoises et sable blanc. Nouveau coin de paradis, si ce n'était le regard, à distance, de bâtiments modernes. En montant sur la droite pour longer la côte, le contraste s'accuse. A l'Est, une urbanisation sans appel, à l'Ouest un littoral sauvage. La montagne y déverse avec force son maquis dans la mer. L'arbousier, d'une rare abondance, offre son feuillage au Jason, beau papillon africain, attiré par les Lauracées dont les feuilles portent sa ponte et nourrissent ses chenilles. Les bruyères arborescentes leur disputent l'espace cachant des hôtes, les phasmes (insecte sans ailes ressemblant

Carte IGN 3446 ET (1 cm = 250 m)



aux tiges sur lesquelles il vit), moins voyants et moins turbulents. Arbousier et bruyère partagent une exceptionnelle capacité de résistance au feu grâce à une souche riche en silice peu combustible, épaisse et dure, d'où repartent inlassablement ces arbustes.

➤ *Longez la crête en balcon sur la mer, en contrebas de la maison Foncin ❸, non accessible au public.*

Les îles d'Hyères se révèlent au large comme d'immenses vaisseaux au mouillage. Sur ces pentes trop fortes pour être constructibles, de denses fourrés de lentisques, filaires, calycotomes épineux, cistes s'agrippent, semblant retenus ici ou là par la séduisante salsepareille, que les dieux incarnèrent en liane couverte d'épines pour avoir voulu s'accrocher aux hommes. A l'approche du hameau du Dattier, bien nommé, l'empreinte du dernier incendie d'octobre 1990 se fait plus marquante. Le maquis y est piqueté de chênes-lièges aux troncs noircis qui, faute d'être coupés, ne peuvent guère émettre de dynamiques rejets et se contentent de survivre. Quant aux pins, ils se réfugient sur les rochers au plus près de la mer craignant d'être étouffés par la végétation.

➤ *Au portail de la maison Foncin ❹, filez devant pour rejoindre en boucle le balcon sur la mer. Parvenu au bois de chêne-liège aménagé ❺, descendre à gauche vers le ru du Fenouillet pour regagner le parking.*

## Pratique

Depuis Cavalaire, prendre la D559 direction le Rayol. Prendre la première route à gauche vers le Dattier. Garez-vous sur le premier parking à gauche.

La balade commence au parking.

Comptez entre deux et trois heures et 100 m de dénivelé. Prévoir de l'eau en suffisance.

Pour découvrir les richesses du maquis guidé par un animateur nature, contactez l'office de tourisme (tél. : 04 94 01 92 10) ou le Domaine du Rayol.
Visitez le Domaine du Rayol et son impressionnante diversité de plantes méditerranéennes issues du monde entier (Afrique, Australie, Chili...). Tél. : 04 98 04 44 00. www.domainedurayol.com

# 20 Le cap Taillat, émeraude sur l'azur

**Le cap Taillat fait partie des joyaux naturels, sauvés in extremis, de la presqu'île de Saint-Tropez. La péninsule, sertie par les pins, les chênes, le maquis et les vignes séculaires, ressemble à un vieux dinosaure sommeillant à la surface des flots méditerranéens.**

Le cap Taillat est le plus enclavé des trois espaces naturels protégés littoraux de la presqu'île de Saint-Tropez. Le bleu de la mer, la blancheur des terrains siliceux et le vert des chênes incarnent toute l'âme méditerranéenne de ces paysages aujourd'hui préservés de la pression immobilière.

Le ciste est présent dans le maquis comme dans la garrigue

## *Côte d'azur*

Après les cistes et les pins d'Alep, qui ourlent l'ancien chemin des douaniers du cap Taillat, s'ouvre un point de vue exceptionnel sur la côte et le large. Vous découvrez, d'un côté, le sombre massif des Maures et le littoral, de l'autre, les îles d'Hyères et la Méditerranée à l'infini.

## *De la pinède au maquis*

Le cap Taillat est l'un des derniers refuges littoraux d'une flore unique. Sur le plateau poussent les pins d'Alep, modelés ici par le vent et les embruns : ils ressemblent à

de respectables bonzaïs tant leurs troncs et leurs branches semblent sculptés par le temps. Leur parfum, en complicité avec celui des buissons de myrte, embaument l'air marin soufflant vers la côte. Quelques bouquets du pin maritime s'accrochent sur la crête. Deux autres plantes rares, protégées au niveau national, la barbe de Jupiter et le palmier nain, parfois centenaire, s'observent sur les flancs du cap. Ce palmier, seul représentant de son espèce en Europe occidentale, dépasse rarement le mètre de hauteur. Le délicat lys de mer, plus proche du rivage, fleurit en été.

## *Cigales et tortues…*

Le maquis est ici resté le paradis des lapins. Par ailleurs, le site abrite une très grande variété faunistique dont plusieurs espèces protégées. Parmi elles, un reptile, la tortue d'Hermann, et deux oiseaux, le guêpier d'Europe et le merle bleu. L'écaillé chiné, un très beau papillon, et le grand capricorne, un coléoptère dont la larve est friande de bois mort, sont considérés comme emblématique de la biodiversité des lieux. Dans les pins et les chênes verts « cymbalisent » inlassablement les cigales. Des oiseaux marins, comme la sterne pierregarin, à l'allure d'hirondelle, et le cormoran sont familiers des rivages. Le fou de Bassan et le puffin cendré viennent aussi parfois y nicher. A proximité, sur les hauteurs du cap Lardier, le hibou petit-duc, le plus petit rapace nocturne en France, rythme de sa note flûtée les nuits de printemps.

Tortue d'Hermann

### Histoires et traditions

Une tour de garde génoise a été construite sur le cap Taillat au XVI^e^ siècle pour prévenir les bateaux de guerre par signaux en temps de conflit. Elle fut démolie à la fin du XVIII^e^ et remplacée par une batterie de canons de défense côtière, très active sous le Premier Empire. Le site fut définitivement abandonné en 1914.

Le cap Taillat abrite plusieurs vestiges préhistoriques. Le dolmen, dit de Briande, a été restauré en 1996. Une sépulture mégalithique subsiste également. Elle fut hélas vandalisée après sa découverte en 1935. Seules quelques pointes de flèches ont échappé aux pillards.

### Le merle bleu

Oiseau sédentaire, le merle bleu aime les habitats rocheux, secs et ensoleillés. Le mâle est reconnaissable à son plumage bleu-gris foncé, qui tend vers le noir en hiver. Même lorsqu'il est perché en évidence, il faut des lunettes ou des jumelles pour l'observer. En effet, craintif et discret, le merle ne se laisse pas approcher et s'éclipse rapidement dans les rochers dès qu'il est dérangé. Cette espèce rare et protégée niche sur le cap Taillat et sur le cap Lardier.

### La rançon de la gloire

Il est difficile d'imaginer aujourd'hui que, dans les années 1970, le camping sauvage était très pratiqué sur le cap Taillat. Plus de 200 tentes et caravanes l'occupaient alors. Il reçut même Louis de Funès, qui y tourna une scène de la fameuse série des Gendarmes. Ce n'est qu'en 1990, que le site, malade et dégradé – le cordon dunaire qui reliait l'isthme au continent était complètement détruit –, fut acheté par le Conservatoire du littoral qui confia sa gestion au CEEP.

balade

# Sur le sentier des **douaniers**

**Parmi les cistes et les pins d'Alep, flânez sur le sentier des douaniers. Au bout du chemin, le cap Taillat vous offre une vue inoubliable : le massif des Maures d'un côté, le littoral varois et ses îles de l'autre et, à perte de vue, la Méditerranée.**

➤ *Engagez-vous sur le chemin balisé en jaune. Franchissez deux passerelles ❶. Arrivé au pied d'un grand escalier ❷, deux sentiers s'offrent à vous. Celui au marquage bleu longe la côte au niveau de la mer.*

Il est bordé de plantes dites « halophiles », c'est-à-dire qui supportent le sel. En été, vous distinguerez parmi elles les œillets de Sicile, bouquets de fleurs roses tendant vers le violet, et la lavande de mer, dont les tiges aux feuilles étroites et vert foncé portent de petites fleurs bleues. Ces espèces sont aujourd'hui protégées ; leur cueillette est lourdement pénalisée.

Carte IGN 3545 OT (1 cm = 250 m)



➤ *Le second sentier est balisé en jaune et rejoint le précédent 800 m plus loin (au point ❸). Prenez l'escalier ❷ qui vous mène sur les hauteurs.*

Dans le maquis s'épanouissent les chênes verts, les pins maritimes et d'Alep, les cistes et de grands pieds de myrtes (2 à 3 m de haut)…

Vous cheminez sous des ponts végétaux formés par les chênes verts et les bruyères arborescentes.

➤ *Vous arrivez alors au col des Douanes ❸.*

Vous avez ici l'impression d'embrasser la totalité du cap Taillat. En contrebas, baignée par une eau limpide, une petite plage de sable blanc s'étend à proximité de la maison des Douanes bâtie sous Napoléon Ier lors du blocus continental contre l'Angleterre (1806-1815).

➤ *Devant la maison des Douanes ❹, prenez, à droite, le sentier qui monte vers une pinède.*

Dès le mois d'octobre, rouges-gorges, grives et merles noirs viennent ici pour y passer l'hiver. Après une marche d'une centaine de mètres, vous atteignez un plateau couvert de pins parasols. Un dolmen, datant de de 4 500 ans avant J.-C., se dresse sur votre droite, témoignant d'une occupation celto-ligure à cette époque.

➤ *Redescendez par le même sentier, passez devant la maison des Douanes, et engagez-vous sur l'isthme du cap Taillat* ❺.

Une fois sur l'isthme, le sentier monte en lacets. Sur les contreforts du cap, poussent des passerines hirsutes. Evitez de piétiner le sol autour d'elles car vous risqueriez de tuer leurs racines qui se trouvent à fleur de terre. Elles ne peuvent s'enfoncer profondément car le sol est rocheux. Des palmiers nains font leur apparition, ainsi que les premiers pieds de barbe de Jupiter. Cet arbuste à feuilles bleues, haut de 2 à 5 mètres, se pare au printemps de petites fleurs jaunes. Continuez votre ascension sous des pins d'Alep puis à travers le maquis où se cachent les fauvettes pitchou et mélanocéphale. Le maquis est bientôt remplacé par des oliviers sauvages puis, de nouveau, par des pins d'Alep courbés par le vent d'est. Enfin, un champ de barbes de Jupiter s'étend en arrivant au sommet, à l'extrémité du cap.

➤ *Vous parvenez au sommet* ❻. *Ouf !*

Le panorama est impressionnant. Découvrez, au nord, la Bastide Blanche et le massif des Maures. A l'est se dessinent le cap Camarat et les contreforts des Préalpes. A l'ouest, le cap Lardier avec, dans le lointain, les îles du Levant, de Port-Cros et de Porquerolles.

Barbe de Jupiter

## Pratique

A partir du village de Ramatuelle, prenez la route des plages en direction de l'Escalet. Arrivé face à la mer, suivez la route à droite et garez-vous. Le parking de l'Escalet est payant de juin à septembre.

Le panneau du Conservatoire du littoral (visible depuis le parking) vous indique le départ de la balade. Le sentier est en partie balisé (jaune ou bleu, selon le parcours).
Le sentier jaune est déconseillé aux personnes âgées et aux jeunes enfants.

La balade fait environ 7 km. Comptez 2 h de marche, en prenant votre temps. Le sentier, très facile, est praticable par tous. Le printemps est la période idéale : nombreuses fleurs et oiseaux en parade. En été, partez tôt dans la matinée. Prévoyez à boire et de quoi vous couvrir la tête, il fait chaud.

Pour plus d'informations, vous pouvez contacter le garde du littoral au 06 11 52 04 18, ou encore le rencontrer sur le terrain. Possibilité de prolonger la balade jusqu'au cap Lardier et la plage de Gigaro par le sentier du littoral.

# 21 Le cap Camarat en **bleu, blanc... vert**

**Camarat est le plus oriental des trois caps qui séparent la Provence de la Côte d'Azur. Limite géographique et climatique, c'est aussi, à ciel ouvert, une géologie qui remonte aux origines de la Provence.**

Au sud de Saint-Tropez, les trois caps, Lardier, Taillat et Camarat d'ouest en est, forment un ensemble naturel remarquable. Ce dernier domine la célèbre plage de Pampelonne qui étale ses 5 km de sable fin.

Havre de paix après la traversée de la trépidante presqu'île de Saint-Tropez, le site étonne par ses contrastes. C'est au sortir de la forêt en descendant vers le cap que ceux-ci s'expriment le mieux.

Contrastes de couleurs entre le vert de la forêt et les roches blanches du cap et le bleu sans limite de la Méditerranée. Contraste entre la nudité minérale du bord de mer et la dense couverture végétale qui le surplombe. Contraste enfin entre la luxuriance de celle-ci et l'apparente pauvreté des affleurements de granite.

## *Une longue histoire*

Structurant le paysage, cette spectaculaire géologie vous ramène à l'Ere primaire. A cette époque, la Provence est un vieux massif érodé sous lequel du magma remonte du manteau terrestre et cristallise lentement à quelques kilomètres sous la surface. Les granites, formés pour l'essentiel de quartz (les grains translucides) et de feldspaths (cristaux soyeux rosâtres, blanchâtres ou grisâtres), qui affleurent sur tout le site de Camarat, sont le résultat de cette cristallisation. Au fil du temps, sous l'effet de la « dérive des continents » et de la mise en place des Alpes, les restes du vieux massif sont rehaussés, puis subissent jusqu'à nos jours une érosion qui, décapant les terrains qui les surplombaient, finit par mettre les granites au jour.

## *Des espèces spécialisées*

Dans la zone des embruns, la toxicité du sel réduit le développement de la flore à quelques espèces spécialisées. Au-dessus, progressivement, se développe le maquis aux buissons épineux.

Et puis, se dorant sur quelque pierre bien exposée, c'est là que vous pourrez surprendre dans la matinée ou en fin de journée (ils évitent les heures les plus chaudes) un des trois lézards du site en train de se réchauffer. Les autres reptiles qui fréquentent le site sont des couleuvres, totalement inoffensives, ainsi que la tortue d'Hermann et la cistude d'Europe.

## *Une forêt sociable*

Enfin, la forêt méditerranéenne s'exprime à plein... Les chênes verts et les chênes-lièges dominent un sous-bois d'espèces arbustives : arbousier et bruyère arborescente dont les fleurs en clochettes blanches s'épanouissent à l'automne, les deux pistachiers lentisque et térébinthe... sont inextricablement liés par les tiges lianeuses de la salsepareille. C'est cet endroit que fréquentent le discret sanglier et la rare tortue d'Hermann.

### Le fou de Bassan

Ses ailes de géant ne l'empêchent pas de plonger à pic sur un banc de poissons à la recherche de ses proies ! C'est l'hiver que vous pourrez découvrir (avec de bonnes jumelles) ce superbe oiseau marin, effilé, plus grand qu'un goéland, blanc et crème, aux yeux fardés de noir.

### La lavande maritime

De son nom latin Lavandula stoechas L., en référence au nom de Stoechades autrefois donné aux îles d'Hyères, c'est une des deux lavandes de plaine de Provence. Elle se caractérise par une structure particulière de l'inflorescence. Les fleurs, toutes petites, sont serrées en un épi surmonté par les quatre bractées violettes (des feuilles modifiées) en croix qui lui valent ses autres noms de lavande "papillon" ou de lavande "à toupet".

balade

# Grand vent sur les **falaises**

**Ce site est un des plus beaux de la côte où la forêt et les embruns se disputent de spectaculaires granites.**

➤ ❶ *Engagez-vous sur le sentier au coin du parking.*

Dans cette première partie, le sentier sinue dans la forêt, en descendant vers le Cap Camarat. En automne, vous repérerez sans problème l'arbousier à ses grappes de fleurs blanches en clochettes et ses fruits rouges à maturité (comestibles, mais un peu fades). La salsepareille, liane épineuse omniprésente, et le calicotome, ce grand genêt aux longs et robustes piquants se chargent d'éviter que l'on ne divague hors du sentier. Ce dernier illustre une des adaptations particulières développée par la flore méditerranéenne pour qui la « mauvaise saison » est l'été avec sa canicule et surtout son manque d'eau. Le calicotome effectue son cycle végétatif de l'automne au printemps pour « hiverner » l'été où il perd ses feuilles pour limiter les pertes en eau.

➤ ❷ *Au croisement de sentier, prenez à gauche pour filer à flanc de pente.*

Au hasard des détours, la végétation s'entrouvre, dévoilant le superbe panorama. A mi-parcours de ce tronçon, une petite plateforme permet de découvrir l'inhospitalier mais spectaculaire cordon de granite qui ourle le bord de mer. Dans les falaises, niche le faucon pèlerin.

Arbousier

➤ ❸ *La fin du sentier longe le bas d'un coteau nettoyé suite à l'incendie d'août 2006 puis rejoint un carrefour de pistes. Prenez la première à gauche pour remonter vers le phare, mais auparavant, vous pouvez faire un aller-retour tout droit pour aller boire un verre à la plage de Bonne Terrasse !*

Le contraste est saisissant au début de cette remontée. Ouvert et grandiose côté mer, l'itinéraire devient plus intime. Dans les secteurs les moins exposés au soleil, l'humidité permet le développement de la grande fougère aigle dont le qualificatif serait du à un dessin particulier (rappelant la tête d'un aigle héraldique) formé par les vaisseaux conducteurs de sève sur une tranche du rhizome (une « tige » souterraine par laquelle elle se propage car elle est le plus souvent stérile).
C'est aussi là que vous aurez le plus de chance (même si cela reste exceptionnel),

Carte IGN 3545 O (1 cm = 250 m)



de croiser le chemin de la pataude tortue d'Hermann qui paye un lourd tribut aux incendies… et aux débroussailleuses ou aux chiens non tenus en laisse.

*➤ ❹ Au sommet vous rejoignez la route goudronnée que vous suivez à gauche jusqu'au phare de Camarat, deuxième phare de France après celui de Vallauris par la hauteur de sa source lumineuse, 130 mètres au-dessus du niveau de la mer.*

## Pratique

A 8, sortie "Le Muy". A droite, juste à la sortie de l'autoroute, direction Sainte-Maxime, puis Saint-Tropez en arrivant au bord de mer. Au rond-point de la Foux (Géant Casino au centre du rond-point) à l'entrée de la presqu'île de Saint-Tropez, prenez la direction de Saint-Tropez et 200 m plus loin, à droite, la D 61 vers Ramatuelle. Contournez le village en restant sous celui-ci sur la D 61. Un kilomètre plus loin, au rond-point, suivez la direction "Pampelonne - Camarat - Bonne Terrasse". Encore un kilomètre plus loin, prenez une petite route à droite : panneau "Camarat". Suivez-la jusqu'à son terme pour vous garer au pied du phare de Camarat.

Départ du sentier au coin du parking (balisage jaune).

Compter 2 h (environ 4 km). Prévoyez de bonnes chaussures, le sentier, ombragé dans sa plus grande partie, est parfois glissant et souvent accidenté.

# 22 Petites-Maures La forêt qui renaît de ses cendres

**Cette « coulée verte », souvent balayée par les flammes, est parsemée de vestiges des temps anciens et résume l'évolution naturelle et humaine du massif.**

Quel contraste si nous pouvions voir les Petites-Maures il y a un siècle ou deux ! Maintenant désert, et seul espace « sauvage » entre Fréjus et Saint-Tropez, le vallon de la Gaillarde était encore un lieu d'activités humaines au début du XX^e^ siècle. Les ruines et les terrasses (restanques, « bancaous » ou « faïsses » pour les provençaux) qui parsèment les coteaux rappellent ce temps pas si lointain où l'agriculture aménageait encore l'espace. Même les vallons trop encaissés pour être mis en culture étaient régulièrement visités. La bruyère fournissait litière et balais. Le bois mort était ramassé, le chêne-liège « démasclé » : on pratiquait deux incisions circulaires à la base du tronc et à environ 2 mètres de hauteur, reliées par une grande incision verticale pour retirer le cylindre de liège ainsi limité. Le chêne vert finissait en charbon de bois. Enfin, les troupeaux de moutons et les cochons « nettoyaient » le sous-bois.

## *Des incendies "écologiques" ?*

Ces cultures et cette exploitation, parfois drastique dans le cas des charbonniers, créaient des zones de coupe-feu. Il n'en est plus vraiment de même de nos jours où la reconstitution d'un couvert végétal continu offre une riche nourriture aux incendies

La ruine des quatre vents

comme ceux qui ont parcouru le site en 1990 et 2003. D'un point de vue purement écologique, ces incendies ne sont pas forcément une catastrophe. On sait depuis longtemps qu'il existe des espèces qui sont favorisées, voire « adaptées » au feu. Tel est le cas du pin d'Alep qui germe d'autant mieux que ses « pommes » ont été léchées par le feu. En ouvrant le milieu, les incendies mettent en place une mosaïque de végétation à des stades de développement différents, réservoirs pour autant d'autres espèces spécifiques.
Encore faut-il que les incendies ne se répètent pas trop souvent, car ils finissent alors par stériliser de trop grandes surfaces et ouvrent la voie à un ravinement intense, ce qui tend malheureusement à se produire dans les Maures et l'Estérel.

## Le bal des noctambules

L'été, seules les stridulations lancinantes des cigales (avec un peu d'oreille, vous en distinguerez au moins trois différentes) animent les journées écrasées de chaleur. C'est quand arrive la fraîcheur (toute relative) de la soirée que la richesse de la faune se révèle. Le renard sort de son terrier, le sanglier quitte ses bauges. Les premiers "hou" interrogatifs du hibou petit-duc accompagnent le vol chaotique des pipistrelles, premières chauves-souris à se mettre en chasse. Dans quelques zones humides, la rarissime salamandre côtoie les crapauds et les grenouilles.

Pipistrelle

### Callune et bruyère arborescente

Cousines botaniques de la famille des éricacées, ces deux espèces le sont moins pour le miel qu'elles produisent. La première, Calluna vulgaris (L.) Hull, produit un miel très particulier, gélatineux, à la saveur très... spéciale (on adore ou on déteste). Sa floraison automnale, quand peu de plantes mellifères fleurissent, permet une récolte "pure" de ce miel.

La bruyère arborescente, Erica arborea L., fournit un miel moins réputé quand il est, rarement, récolté seul. Mais sa floraison printanière, en même temps que toutes les espèces du maquis qui émergent de leur repos hivernal, amène plutôt la récolte du délicieux miel "toutes fleurs du maquis" où le mélange des nectars concourt à régaler nos papilles de l'un des meilleurs miels qui soit.

Bruyère arborescente

balade

# Des Maures très **humaines**

**Cet itinéraire permet de découvrir l'histoire d'une forêt méditerranéenne au passé chaotique et à l'avenir incertain.**

Carte IGN 3544 ET (1 cm = 250 m)


*➤ 1 Engagez-vous sur la piste forestière le long du petit ravin (balisage vert que vous suivrez jusqu'au 7).*

*➤ 2 Traversez le ravin et prenez la piste à gauche.*

Dans le lit de ce ravin ont été trouvés, après le dernier incendie, des restes calcinés de tortue cistude, la seule tortue d'eau douce française. Cependant, comme elle est présente dans toute la Provence, on peut espérer la voir revenir un jour.

*➤ 3 Empruntez à gauche le sentier fléché d'un panneau « ruines de Roqueyrol ».*

Des plantations d'oliviers devant les ruines serviront de pare-feu lors d'un prochain incendie. C'est dans ces milieux ouverts que l'on pourra rencontrer la terreur des lieux : la magicienne dentelée est une très grande sauterelle (elle atteint 10 cm), rarissime et protégée, sans aile, férocement carnivore.

*➤ 4 Le chemin rejoint la crête par un raidillon. Prenez à gauche un sentier moins pentu.*

*➤ 5 Prenez à droite la piste qui suit la ligne de crête.*

Sur votre gauche, les restes d'un cabanon de « bouscatier » (charbonnier), caractéristique des constructions utilisées temporairement pour l'exploitation de la forêt : un simple mur de pierres sèches surmonté de branches de bruyères ou d'arbousiers ramassés dans les environs.

➤ ❻ *Au croisement de piste, trouvez le sentier à gauche qui suit la crête.*

➤ ❼ *• Pour l'option courte, suivez à droite le balisage vert qui coupe la piste de crête et plonge dans le versant. Au bas du versant ❿, prenez à droite pour rejoindre le point de départ.*
*• Pour l'option longue, continuez tout droit. Attention, sur 2 km, il n'y a plus de balisage.*
Dans un rayon de soleil, vous aurez l'œil attiré par le scintillement d'un affleurement rocheux. Celui-ci est dû à des petites plaquettes de micas qui est un des composants de la roche métamorphique qui forme l'essentiel des Maures, et à laquelle il donne en partie son nom, le micaschiste.

➤ ❽ *Au niveau d'un replat, prenez à droite (panneau « Bergerie de Chiousse ») puis à nouveau à droite 100 m. plus loin où vous retrouvez un balisage jaune. Attention, il est facile de rater le bon sentier !*

Le sentier descend alors dans un vallon épargné par les incendies. Les arbousiers et les bruyères arborescentes atteignent des tailles respectables tandis que çà et là les cicatrices du tronc des chênes-lièges rappellent l'époque où ils étaient régulièrement démasclés.

➤ ❾ *Vous rejoignez un T balisé en jaune. Prenez à droite et suivez ce balisage jusqu'au point de départ.*

Après des épisodes pluvieux, vous remarquerez des trous boueux dont les parois gardent des empreintes de pelage et les traces de sabots qui vont vers quelques arbres à la base « usée » et maculée de boue. C'est la signature des sangliers, communs mais forts discrets, qui viennent ainsi se vautrer dans leur « bauge » et se frotter aux troncs d'arbres pour essayer de se débarrasser des tiques et des puces.

Sanglier

# Pratique

A 8, sortie "Puget-sur-Argens". Rejoignez le bord de mer à Fréjus et prenez la direction de Saint-Tropez/Sainte-Maxime (RN 98). 200 m après le panneau "Les Issambres (Commune de Roquebrune)" en arrivant à la plage (panneau "La Gaillarde"), prenez à droite. Passez devant la résidence de vacances "La Gaillarde" et longez le fond du vallon jusqu'au cimetière.

Le début de la balade se fait par la piste (panneau "Les Petites-Maures").

Attention, la balade complète est très longue. Prévoir la journée (environ 4 à 5 heures de marche pour une bonne douzaine de kilomètres) pour une découverte agréable du tour complet. Une option, en pointillé sur la carte, réduit la distance (et la durée) de moitié, mais reste cependant réservée aux bons marcheurs (7 km).

C'est d'octobre à mai que la balade est la plus agréable et la plus fleurie. Caniculaire l'été, elle nécessite alors de partir (très) tôt pour revenir (ou faire la sieste) avant les heures les plus chaudes. Dans tous les cas, il est impératif d'être bien chaussé et de prévoir une quantité suffisante d'eau.

L'été, le massif des Petites-Maures est fermé les jours de risques d'incendie. Cette fermeture est annoncée dans la presse locale. Respectez impérativement cette interdiction, il en va de votre sécurité et de celle des services de secours. D'une manière générale, ne vous engagez pas dans cette balade les jours de mistral.

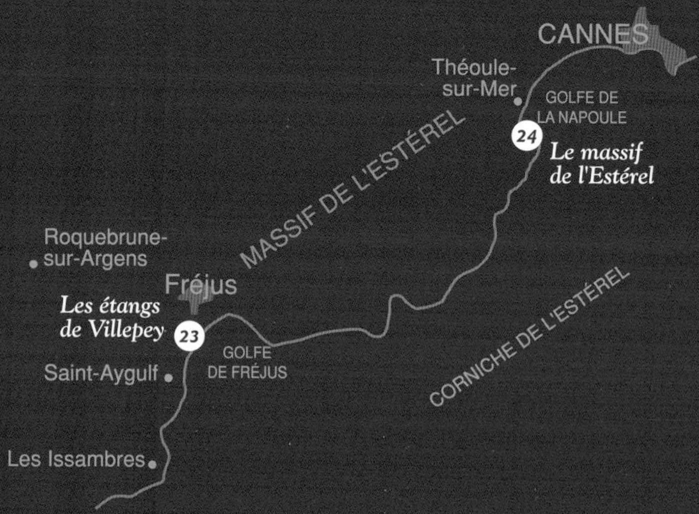


# *De l'embouchure de l'Argens au massif de l'Estérel*

A la frontière du Var et des Alpes-Maritimes, contraste entre l'ambiance de plaine alluviale des étangs de Villepey et le relief montagneux et boisé du massif de l'Estérel qui offre des belvédères remarquables sur la Méditerranée.

Nés de la divagation de l'Argens au fil du temps mais aussi d'extractions de sable au XX$^{e}$ siècle, les étangs de Villepey constituent une zone humide indispensable à l'avifaune migratrice. Sur ce littoral particulièrement sensible, le Conservatoire du littoral mène depuis 20 ans une importante opération de reconquête de la nature et d'aménagements pour le public.

# 23 Les étangs de **Villepey**, à la **reconquête de la nature**

**L'ancien delta de l'Argens, le plus important cours d'eau du Var, a laissé en front de mer une vaste zone de marais côtiers, milieu rare dans le département. Ce site, que l'homme et ses activités ont profondément fait évoluer, reste aujourd'hui d'une très haute valeur biologique.**

L'Argens et sa plaine alluviale séparent le massif des Maures, à l'ouest, de celui de l'Estérel, à l'est. Vous vous trouvez ici au cœur de la Provence cristalline, très proche de la Corse.

## *Une belle mosaïque*

Des milieux très variés et parfois paradoxalement imbriqués s'étendent sur 259 ha. D'anciennes dunes à pin parasol côtoient la forêt humide. Des dunes d'arrière-plage isolent des étangs saumâtres. Une belle ripisylve (forêt bordant les rives des cours d'eau) encadre l'embouchure de l'Argens. Des cultures de céréales jouxtent des friches, des pâtures à moutons ou encore de vastes roselières. Le maquis à ciste persiste sous le couvert des pins d'Alep. La roselière succède à la sansouire, formation végétale typique des sols salés. Les eaux douces au nord des étangs deviennent de plus en plus saumâtres à proximité de la mer.

## Du lys de mer à la canne de Pline

Autant de milieux, autant d'habitats pour des plantes devenues rares sur le littoral du Var, si convoité par les promoteurs immobiliers et assailli par les vacanciers en été. Les dunes, reconstituées et protégées, accueillent des plantes des sables, fragiles et protégées : les spectaculaires lys de mer et panicaut des dunes, la très piquante échinophore épineuse ou encore l'euphorbe des sables. Dans certaines roselières, il n'est pas toujours aisé de distinguer le phragmite (le véritable roseau) de la canne de Provence (le cannis) et surtout de la canne de Pline qui en France n'existe qu'à Fréjus. Le site est enfin remarquable pour la présence du tamaris africain, à la floraison blanche.

## Oiseaux des quatre saisons

Pendant les périodes de migration, au printemps et en automne, passent sur les étangs un très grand nombre d'espèces. Parmi les oiseaux les plus colorés, on compte le rollier, la huppe fasciée ou le guêpier. Les limicoles (chevaliers, bécasseaux, gravelots, barges), spécialistes des vasières, restent les plus nombreux. Ils sont aussi, bien souvent, les plus délicats à identifier. Les rapaces (busard des roseaux, balbuzard pêcheur) apprécient le site pour ses ressources et y font régulièrement une halte. En hiver, les grands cormorans, les canards de surface (colvert, siffleur) ou plongeurs (fuligule milouin), les foulques macroules et les grèbes nageant autour des flamants roses assurent le spectacle. En été, dans les roselières, écoutez les fauvettes paludicoles, dont la rare lusciniole à moustaches, et un petit héron discret, le blongios nain.

Rollier d'Europe

### Histoires et traditions

La ville romaine de Forum Julii (Fréjus) a connu son âge d'or pendant la domination de Jules César, au milieu du dernier siècle avant. J.-C. Les étangs abritaient alors un chantier de réparation et de construction de galères.

Plusieurs activités traditionnelles perdurent sur le site : agriculture, chasse, pastoralisme, récolte de cannes, pêche professionnelle sur les étangs. Les poissons les plus recherchés sont le mulet et le loup, capturés au filet.

Villepey et la basse vallée de l'Argens constituent un haut-lieu de l'ornithologie varoise. La variété des milieux et les échanges entre l'eau douce et l'eau salée favorisent en effet une grande richesse biologique.

### D'Europe ou de Floride ?

Sur les bois flottants ou sur les berges, votre regard perçant pourrait être attiré par un drôle de caillou, bombé et lisse : il s'agit d'une tortue aquatique. Regardez-la bien. Si la tortue est tachetée finement de jaune à la gorge, c'est la cistude d'Europe, rare et protégée. Si elle porte un bandeau couleur lie de vin sur une tête verdâtre, c'est la tortue de Floride, une espèce américaine invasive. Ne les dérangez pas.

balade

# Au bonheur des **étangs**

**Le tour des étangs de Villepey est possible par un cheminement pratique. Des extensions sont même proposées aux bons marcheurs, vers le vallon de la Gaillarde ou sur le sentier du littoral. Pour tous, suivez ce petit circuit-échantillon à la découverte des richesses du site.**

*➤ Prenez la piste cyclable qui longe la lagune et rejoignez le bâtiment « le Venise ».*

Vous longez un très beau linéaire de tamaris installé sur une ancienne dune. ❶ Sur l'étang, les oiseaux d'eau sont nombreux, surtout en hiver, car cette partie est une réserve de chasse. A la fin de l'été, scrutez avec une bonne paire de jumelles la vasière, qui sert de reposoir aux limicoles.

*➤ Poursuivez sur la piste cyclable jusqu'à l'entrée des Esclamandes qui se trouve de l'autre coté de la route nationale.*

Sur votre gauche s'étendent des friches avec des massifs de canne de Provence. ❷ Avant de traverser la route, vous découvrez une vaste roselière et une lône (bras mort du fleuve), canal qui relie la lagune à l'Argens.

*➤ Entrez aux Esclamandes au niveau d'une chicane et d'un grand panneau de présentation. Traversez un gué et cheminez entre les dunes et un étang.*

Les barrières qui canalisent le passage se nomment des ganivelles. Elles permettent d'éviter le piétinement et fixent le sable qui engraisse les dunes. ❸ Au niveau de l'étang, une frange de roseaux attirera votre attention.

*➤ Arrivé à une vaste aire dénudée, prenez vers la droite en direction de l'embouchure de l'Argens. Contournez la dune et rejoignez la plage (plage naturiste).*

Carte IGN 3544 ET (1 cm = 250 m)

❹ Derrière les ganivelles, la dune abrite une flore spécifique adaptée aux embruns et au sable. Ici, la vue s'étend sur toute la baie jusqu'au Lion de Terre (un rocher rouge immergé en mer) et, au-delà, sur l'Estérel.

➤ *Parcourez la plage et franchissez les dunes par un passage pour rejoindre une aire dénudée puis suivez une large piste. Après le petit pont, prenez sur votre gauche un sentier qui vous ramène à l'entrée des Esclamandes.*

❺ A l'intérieur de la roselière, soyez discret et attentif. Les oiseaux qui s'y trouvent se font entendre et finissent même, avec un peu de patience, par se laisser voir. Une petite sansouire est protégée par une clôture : sur ses limites, pousse la rare asperge maritime au feuillage aérien.

➤ *Rejoignez le point de départ en revenant par la plage ❻.*

Balbuzard pêcheur

# Pratique

A partir de Sainte-Maxime, prenez la N 98 en direction de Fréjus. Traversez Saint-Aygulf (toujours en direction de Fréjus) et passez un pont qui domine la plage. Garez votre véhicule sur les parkings le long de la plage. A partir de Fréjus, suivez la direction Saint-Tropez/Sainte-Maxime jusqu'à longer les plages et les étangs. A l'entrée de Saint-Aygulf, juste avant un pont, garez votre véhicule sur le parking à droite.

La balade commence au parking. Suivez la piste cyclable longeant la lagune.

Le circuit aisé, long de 4 km sur terrain plat, peut se faire en une petite demi-journée en comptant les pauses d'observation. Prévoyez des bottes en période pluvieuse. Une paire de jumelles est indispensable pour observer les oiseaux.

Les oiseaux d'eau sont particulièrement nombreux en hiver, même si toutes les périodes restent propices à la découverte du site. Evitez les heures les plus chaudes en été.

Un sentier aménagé et balisé fait le tour du site de Villepey et peut être rejoint au niveau de la plage sous le pont de Saint-Aygulf. Attention, en été, la boucle est interrompue entre le Pas des Vaches et la Galiote. Renseignements auprès du service environnement de la mairie. Tél. : 04 94 51 97 60.

# 24 L'Estérel, vertige **couleur de rouille**

**Caractéristique et spectaculaire par ses roches rouges, l'Estérel offre un extraordinaire panorama sur la Côte d'Azur et les Alpes.**

Commençons par le commencement : ces roches rouges omniprésentes sur le site… Elles sont le témoignage d'une des trois grandes phases géologiques de mise en place de la Provence (les granites des Maures et les calcaires des Alpes-Maritimes illustrent les deux autres). A la fin de l'Ere primaire (le « permien » des géologues vers – 243 millions d'années), le socle cristallin est déchiré par la dérive des continents. La lave profite des fractures pour remonter du manteau terrestre et s'épancher en nappes dont l'empilement forme le massif de l'Estérel. Il doit sa couleur à la composition chimique des laves (des rhyolites, une forme particulière de basalte) qui, riches en fer, s'oxydent au contact de l'oxygène atmosphérique (dit autrement : elles rouillent, tout simplement !), ce qui leur donne leur rouge si caractéristique.

## *Mosaïque végétale*

Du bord de mer à la crête, la végétation qui tente de conquérir ce maigre sol évolue sous la double influence des microconditions et des interventions, volontaires ou non, de l'homme. Côté naturel, ce sont les plantes de bord de mer et la déclinaison des méditerranéennes selon l'exposition et l'humidité. Côté impact humain, c'est une liste à la Prévert d'espèces horticoles. Griffes de sorcières et figuiers de Barbarie sont parmi les plus autonomistes et concurrencent la flore locale, ce qui ne va pas sans poser quelques problèmes. Bien que fort agréable, la floraison jaune du mimosa qui couvre des versants entiers l'hiver témoigne aussi d'un réel problème d'envahissement qui se

fait au détriment de la végétation locale.
Du sommet, le vert profond des vallons que l'on découvre illustre ce que peut être la forêt méditerranéenne, bien plus dense et riche qu'on ne l'imagine, lorsqu'elle ne subit pas d'incendies trop fréquents qui appauvrissent les sols, la flore et la faune.

### Les pins

Quatre espèces de pins cohabitent dans l'Estérel (sans compter les espèces exotiques plantées dans les parcs et les jardins ou en reboisement).

Le pin d'Alep aux aiguilles fines et non piquantes vert clair est le plus fréquent. Le pin maritime aux aiguilles vert sombre plus longues et épaisses ("pin des Landes") est ici en limite de son aire de répartition : stressé par les conditions climatiques, il est attaqué par un parasite à l'origine des "dégoulinades" de résine qui couvrent parfois son tronc. Le bien connu pin parasol, qui nous offre ses "pignons", nécessite des sols plus profonds et plus riches que les deux précédents. Enfin, le pin sylvestre, le plus montagnard, aux courtes aiguilles et aux petites pommes, très rare sur le littoral, devient plus commun dès que l'on s'en éloigne.

## *Des espèces originales*

Comme la flore, la faune suit plus ou moins le gradient qui s'établit entre le bord de mer fortement aménagé et le sommet de la balade encore relativement naturel. Les espèces commensales de l'homme (moineaux, mouettes et autres tourterelles turques) sont remplacées par des espèces plus « sauvages ». Les anfractuosités de la rhyolite et les cavités de quelques vieux chênes hébergent plusieurs espèces de chauves-souris, tandis que vous découvrirez, perché sur quelque relief et vous surveillant, le rare merle bleu.

Lavande maritime

# Crêtes, vallons et **grand angle**

**Dominant la frange côtière urbanisée, cette crête et les vallons qui la rejoignent offrent un calme reposant et une vue inoubliable.**

Par les milieux qu'il traverse et les perspectives qu'il dévoile, cet itinéraire présente plusieurs facettes du massif de l'Estérel et les enjeux dont il est l'objet.

➤ ❶ *Engagez-vous dans le port en longeant le bord de mer.*

➤ ❷ *A la hauteur du bassin principal du port, empruntez à gauche, entre deux bâtiments, un passage piéton qui rejoint un tunnel passant sous la nationale et la voie ferrée. A la sortie du tunnel, remontez le vallon, tout droit par la route goudronnée.*

➤ ❸ *Au « T », prenez à gauche la petite route qui monte vers un lotissement. Restez sur la route, puis sur la piste principale.*

Dans cette première partie de la montée, on remarquera l'évolution progressive de la végétation à affinité « fraîche » dans le fond du vallon (ce dont témoigne la présence de la grande fougère aigle), à celle plus adaptée au climat méditerranéen (comme le thym et la lavande de mer) que l'on voit se mettre en place un peu plus haut. La production « d'essences » permet à ces espèces (pour la majorité de la famille des lamiées) de faire d'une pierre deux coups.

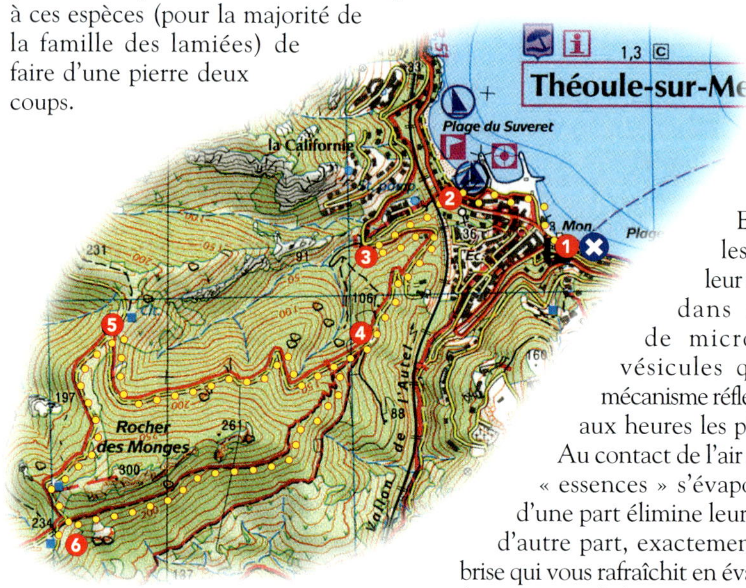


Carte IGN 3643 ET (1 cm = 250 m)


Elles stockent les déchets de leur métabolisme dans des sortes de microscopiques vésicules qui, par un mécanisme réflexe, s'ouvrent aux heures les plus chaudes. Au contact de l'air ambiant, ces « essences » s'évaporent ce qui d'une part élimine leurs déchets, et d'autre part, exactement comme la brise qui vous rafraîchit en évaporant l'eau quand vous sortez du bain, atténue l'ambiance surchauffée qui entoure la plante.

*➤ ❹ Après la dernière villa, la piste s'élève encore par deux épingles pour déboucher sur une partie plus rectiligne bordée à droite de vieux eucalyptus qu'infiltrent de jeunes mimosas. Au bout de ce tronçon, une patte-d'oie où vous restez à droite sur la piste principale.*

Au passage, observez le sous-bois sous les eucalyptus et les mimosas. Un peu désertique, non ? Malgré la majesté de ces essences – notamment la spectaculaire floraison hivernale du mimosa – ces deux espèces empêchent le développement de la flore locale et présentent l'inconvénient d'être particulièrement inflammables. L'ascension dévoile progressivement l'extraordinaire panorama qu'offre la côte surmontée, au-dessus de Nice, des premiers reliefs des Alpes.

Callune

*➤ ❺ En débouchant sur la piste de crête, prenez à gauche.*

Le contraste est saisissant entre le littoral très urbanisé et les vallons boisés sombres et sauvages. En automne, le bord de la piste est égayé par les clochettes roses des bruyères qui prospèrent dans la bande régulièrement débroussaillée.

*➤ ❻ Après une centaine de mètres de descente, à la division de la piste, prenez à gauche le petit sentier signalé par un panneau « Collet de l'Autel-Port de Théoule » pour revenir au point de départ.*

Plus intime, ce passage bordé de bruyères arborescentes, de pins, d'arbousiers et de chênes s'éclaire çà et là au hasard des détours de flamboyants affleurements rocheux.

Fougère aigle

## Pratique

De l'est (A 8, sortie "Mandelieu-La Napoule»), suivre la RD 6098 du bord de mer en direction de Saint-Raphaël. De l'ouest (Fréjus, Saint-Raphaël), c'est juste l'inverse, RD 6098 en direction de Cannes. A Théoule, se garer sur un des parkings aménagés en bord de mer (attention, il y a plusieurs petits ports échelonnés sur la côte. Nous parlons bien ici de celui qui se situe à Théoule même).

Au bord de mer, empruntez la voie qui mène au port de Théoule.

Balade d'environ 6 km dont un bon tiers de grimpette sans difficulté. Compter 3 heures. Partir bien chaussé, la descente est accidentée. Evitez absolument les heures chaudes l'été et prévoyez de l'eau.

ITALIE
Serre de la madone
28
Cap Martin
27
Menton
Monte-Carlo
Monaco
Roquebrune-
Cap-Martin
Le mont Vinaigrier
26
NICE
CORNICHE DE LA RIVIERA
Antibes
Juan-les-
Pins
25
Fort-Carré
CANNES

# *La Riviera*

Sur ce littoral profondément imprégné de présence humaine, le Conservatoire protège des sites où nature et culture s'entremêlent et qui méritent d'être préservés pour leur valeur symbolique ou culturelle : anciens jardins de villégiature bénéficiant de la douceur exceptionnelle du climat (Serre de la Madone), « campagnes » autrefois exploitées pour la culture d'arbres fruitiers (Mont Vinaigrier), lieux d'histoire et de mémoire (Fort Carré à Antibes), espaces de création d'artistes inspirés par les lieux (site Le Corbusier à Roquebrune-Cap-Martin).

# 25 Le parc du Fort Carré, **en vert et contre tours**

**Longtemps « oublié », le parc qui entoure le Fort Carré abrite une réplique miniature de l'écosystème méditerranéen.**

C'est au milieu du XVIe siècle que Henri II ordonne la construction, sur l'ancienne chapelle, de la tour circulaire qui forme encore le cœur du Fort Carré. Les quatre bastions (les branches de l'étoile) sont alors rajoutés. Fin XVIIe, Vauban améliore le dispositif en agrandissant les bouches à feu, en revoyant l'angulation des murs des bastions et en changeant la pierre massive, dont les éclats pouvaient blesser les soldats en cas d'impacts, par de la meulière et des briques qui s'effritent en poussière. Au XXe siècle, le fort a perdu sa vocation défensive et sert de centre d'entraînement militaire, puis abrite un CREPS (Centre Régional d'Education Physique et Sportive). En 1997, les bâtiments sont rachetés par la mairie d'Antibes et le parc par le Conservatoire du littoral.

## *Quand l'oubli a du bon*

Aménagé en restanques (ces terrasses limitées par des murets de pierres sèches, forme traditionnelle d'aménagement agricole en Provence), le parc a été planté d'oliviers. Mais, en l'absence d'entretien, la végétation naturelle a repris ses droits, enserrant les oliveraies dans un écrin d'espèces autochtones.

Le plus remarquable de cette histoire, c'est la leçon d'humilité que nous donne ce petit bout de nature. Sur ces trois hectares, c'est tout un écosystème méditerranéen qui s'est reconstitué, en l'absence totale d'action humaine pendant une longue période.

## *Résumés d'écoystèmes*

Orchis papillon

C'est ainsi que l'on retrouve les quatre entités de végétation qui structurent les paysages de Provence.

D'abord, lorsque les arbres sont bien développés, ce sont les taillis au sous-bois clair dominé par les chênes verts. A leur périphérie, stade intermédiaire de l'évolution de la végétation, les « fruticées » (fourrés d'espèces buissonnantes : lentisque, myrte, alaterne) rendues impénétrables par l'agressivité du calicotome et les entrelacs de la salsepareille.

Quant à la garrigue, elle héberge les espèces ligneuses basses (c'est-à-dire les plantes vivaces qui forment un petit tronc, parfois très réduit comme chez le thym) qu'agrémentent les fleurs chiffonnées mauves à cœur jaune des cistes ou celles lilas pâle du romarin (repérez-le à son odeur).

Enfin, dans les zones de passage ou les parties entretenues (tondues), une très riche flore d'espèces herbacées comme le rare et spectaculaire orchis papillon.

Cet ensemble offre le gîte et le couvert à toute une petite faune (insectes, rongeurs, passereaux) à l'origine d'une chaîne alimentaire dominée par les rapaces et le renard.

Epervier

Faucon crécerelle

### Techniques de rapaces

L'épervier et le faucon crécerelle sont les deux rapaces qui se partagent les proies sur ce site. Le premier se nourrit de passereaux qui volent dans le sous-bois et à la lisière des taillis ; le second se délecte de petits rongeurs et d'insectes qui pointent le bout de leur nez dans les espaces dégagés.

Chasseur en vol, l'épervier a une morphologie bien adaptée à ce délicat exercice. Ses ailes courtes et larges alliées à une queue longue et arrondie lui permettent toutes les acrobaties nécessaires pour contrecarrer les zigzags de ses proies.

A l'inverse, le faucon crécerelle, qui plonge sur sa proie (insecte, campagnol) après l'avoir repérée grâce à un vol cabré stationnaire caractéristique, a des ailes et une queue longues et effilées qui lui permettent un piqué rapide.

balade

# Une forteresse **habitée par les plantes**

**Petit oasis de verdure dans un océan de constructions, le parc du Fort Carré offre une pause rafraîchissante et un panorama grandiose.**

➤ ❶ *Pénétrez dans le parc.*

Tout au long du cheminement, vous trouverez des « bornes » qui présentent l'essentiel de l'écologie du site.
Dans cette première partie, on découvre la pelouse où se côtoient les espèces les plus banales et les plus rares. C'est ainsi que le discret Plumet du cap et l'étrange ophrys de Bertoloni, deux espèces protégées, trouvent là un de leurs derniers refuges sur le littoral.

➤ ❷ *Pour rejoindre le fort, une allée longe ensuite les oliveraies.*

D'abord bordée par des bouquets de myrte et de pistachier lentisque, l'allée est ensuite ombragée par des taillis plus développés de chênes.
C'est au printemps (même s'il lui arrive de refleurir en automne) que le myrte (fleurs blanches à cinq pétales et une houppe fournie de grandes étamines) embaume l'air ambiant, arôme que vous pouvez cependant retrouver toute l'année en froissant simplement ses feuilles. Les fruits, petites baies bleues, étaient un aromate apprécié des Romains. Dans la recette de la « truie troyenne », celle-ci était rôtie farcie de volailles elles-mêmes garnies de grives gavées de baies de myrte. Plus près de nous, les baies de myrte étaient utilisées pour épicer les plats jusqu'à la découverte (et l'importation) du poivre. De nos jours, elles ne sont plus guère utilisées que pour la confection d'un artisanal vin de myrte.

➤ ❸ *Faites le tour du fort.*

Dans les interstices des pierres, tout un petit monde de plantes particulières, bien adaptées à ces conditions un peu spéciales. La pariétaire, le phagnalon, et dans les recoins les plus frais, la discrète herbe dorée, petite fougère qui doit son nom au dense feutrage de poils roux qui couvre la face inférieure de ses frondes. Celle-ci possède l'étrange et fascinante propriété de « reviviscence » qui lui permet de se déshydrater presque totalement l'été, où racornie et desséchée, elle semble perdue, pour revivre, pétante de santé, avec les premières pluies d'automne.

Pistachier lentisque

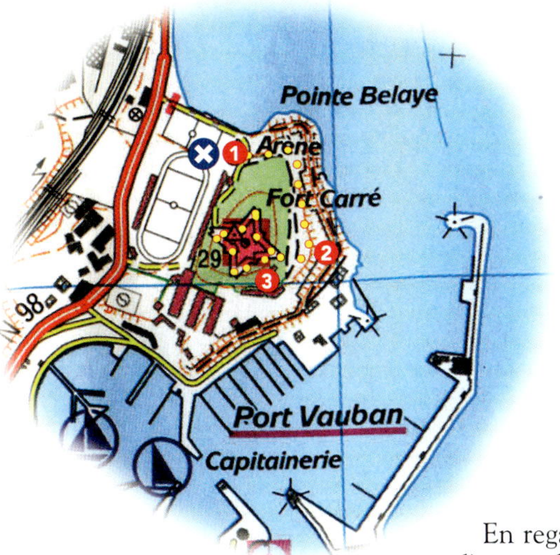




En regagnant l'entrée du parc, vous observerez peut-être le vol lourd typique du bruant proyer, les ailes tremblantes et les pattes pendantes. Ce passereau d'assez grande taille (± 17,5 cm) au discret plumage brun-gris est une espèce rare qui illustre bien une des difficultés qu'il y a à concilier préservation et fréquentation. En effet, préférant les milieux ouverts, il niche au sol, au pied d'une simple touffe d'herbe. On imagine alors bien le problème que peut poser l'ouverture au public de ses rares aires de reproduction.

## Pratique

A 8 : sortie Antibes. Gagnez Antibes et son port. Prenez la route du bord de mer vers Nice. Longez le port puis les terrains de sport au pied du Fort Carré. Quand la route rejoint le bord de mer, guettez à gauche un parking signalé "Fort Carré".

Traversez la route (attention !), passez un premier portail et, à gauche, longez le terrain de sport. Suivez à droite l'arrondi de l'extrémité de celui-ci en légère montée jusqu'au panneau et au portail signalant l'entrée du parc du Fort Carré.

Le parcours fait quelques centaines de mètres sans difficulté. Prévoir une bonne heure pour avoir le temps de s'imprégner de l'ambiance paisible et majestueuse du site.

Le parc est ouvert au public tous les jours sauf le lundi.
Des visites payantes du fort 3 € sont organisées toutes les 30 min. de 10 h 15 à 17 h 30 l'été, 16 h l'hiver.

# 26 Le mont Vinaigrier, grand escalier végétal

**Aux portes de la ville de Nice, cet ancien domaine agricole et ses cultures en terrasses se découvrent étage par étage. Avec, au sommet, une immense vue sur la baie des Anges, les îles de Lérins et l'Estérel.**

Sur 25 ha, exposé plein ouest, le parc du Vinaigrier, accroché aux flancs du mont Vinaigrier (357 m), domine Nice et la baie des Anges. Longtemps laissé à l'abandon, cet ancien domaine agricole faisait l'objet d'un projet immobilier quand il fut acheté par le Conservatoire du littoral en 1988.

La partie basse est aménagée en terrasses plantées d'oliviers et d'arbres fruitiers. Un ingénieux système de récupération et de stockage d'eau en permettait l'irrigation.

## *Fondre comme calcaire… à la pluie*

Comme toute cette partie de la côte, le mont Vinaigrier est constitué de calcaires massifs datant du milieu de l'Ere Secondaire (le fameux Jurassique). Comme le jus de citron dissout le tartre, l'eau de pluie, très faiblement acide (par dissolution du gaz carbonique atmosphérique) est capable d'attaquer le calcaire. Au fil du temps se crée dans le massif tout un réseau souterrain dans lequel circule l'eau qui s'infiltre (on parle de réseau « karstique »). Les anciens creusaient des galeries horizontales pour l'intercepter. Un schéma de ce système est détaillé sur un des panneaux du circuit.

## Un ascenseur pour la diversité

Tout le domaine n'était pas cultivé, ce qui vous permet de découvrir, sur les 150 m de dénivelée, le télescopage de plusieurs types de végétation. C'est que les plantes ont leurs exigences ! Celle-ci ne supportera pas le moindre frimas tandis que telle autre fuira comme la peste un coteau trop ensoleillé. Certaines sont seules capables de survivre dans le maigre confort qu'offrent les fissures d'une falaise.

C'est ainsi que les botanistes définissent des « étages » de végétation, chacun peuplé d'un cortège de plantes ayant à peu près les mêmes besoins. Ici, du bas du domaine au plateau qui le surplombe, trois types de végétation se succèdent.

Glaïeul d'Italie
Gladiolus italicus

L'étage dit « thermo-méditerranéen » y est représenté par le caroubier et quelques pieds (probablement plantés) du petit chamærops, le seul palmier autochtone. Au-dessus, le chêne vert trouve son plein développement dans l'étage « méso-méditerranéen ». Au pied de la falaise, en amont des terrasses cultivées, vous serez émerveillé fin mai par la floraison spectaculaire du frêne à fleurs, ici à la limite inférieure de l'étage « supra-méditerranéen ».

Il n'est alors pas étonnant, dans une telle diversité végétale, de pouvoir observer une très riche faune. Renard et sanglier en sont les représentants les plus imposants, mais ne sauraient éclipser la quarantaine d'oiseaux nicheurs et, surtout, le très méditerranéen lézard ocellé et le rarissime hydromante d'Italie, sorte de triton terrestre inféodé aux zones humides.

### Frêne à fleurs

Dans les situations les plus chaudes, on récoltait, sur les feuilles ou les blessures de l'écorce, une sorte de résine. Cette "manne" des anciens apothicaires (la manne qui nourrit les Hébreux dans le désert provenait du Tamaris), laxatif léger, était largement utilisée à l'époque où la purgation s'apparentait à une véritable panacée.

### La huppe fasciée

Au printemps, elle affectionne les pelouses entretenues qu'elle fouille de son long bec fin à la recherche de quelque pitance. Vous la reconnaîtrez à la huppe qui lui donne son nom et qu'elle dresse quand elle est inquiète ou à son vol "sautillant" (un coup d'aile, puis une courte phase planée en descente, puis un nouveau coup d'aile pour remonter, etc.) et aux ailes arrondies noires, largement barrées de blanc.

Huppe fasciée

balade

# Seuls les arbres **se souviennent...**

**Comme un patchwork, le parc du Vinaigrier juxtapose les éléments naturels et agricoles d'un patrimoine oublié.**

➤ ❶ *Rejoignez l'entrée principale du Parc. Franchissez la barrière et suivez la piste principale sur environ 100 m jusqu'au grand panneau présentant le site et l'itinéraire conseillé.*

Ce premier court tronçon est l'occasion de (re)découvrir ces « mauvaises » herbes des bords de chemins que l'entretien doux pratiqué ici laisse encore libres de s'exprimer. La fumeterre aux curieuses fleurs blanches doit son nom à sa propriété d'enrichir le sol quand on le retourne (elle fume – dans le sens de fertiliser – la terre). Mais en fait, ce n'est pas un scoop, toutes les plantes enrichissent le sol, c'est le principe même de « l'engrais vert » !

➤ ❷ *Suivez l'itinéraire présenté sur le panneau et fléché sur le terrain.*

Au printemps, dans cette partie cultivée du domaine, vous serez peut-être surveillé par un rouge-gorge. Très territorial, il vous accompagnera nerveusement, voletant de perchoir en perchoir, jusqu'à ce que vous ressortiez de son domaine.

Petit houx

➤ ❸ *Du bas du domaine, la remontée se fait dans un sous-bois de chênes verts.*

C'est une espèce dominante de la forêt méditerranéenne. Pas étonnant que les habitants des environs aient su en utiliser la moindre partie. Son écorce donnait un tan des plus réputés. Les glands, dont on pouvait également extraire de l'huile, étaient utilisés pour l'alimentation des cochons ou de l'homme selon qu'ils étaient amers ou doux. Et si son bois se prête mal à la menuiserie ou aux charpentes car il a tendance à se fendre en séchant, sa dureté, son poli parfait et son grain fin en faisait un matériau idéal pour l'usinage de petites pièces soumises au frottement et à l'usure. Il était alors utilisé en charronnage (fabrication de charrettes).
Truffe sur le gâteau, il est une des trois espèces d'arbres (avec le noisetier et son cousin plus montagnard le chêne pubescent) à développer (mais malheureusement trop rarement pour notre goût !) une symbiose avec Tuber melanosporum, le champignon qui nous offre les truffes.

➤ ❹ *En suivant toujours le balisage, vous regagnez le point de départ en suivant les puits et citernes du réseau d'irrigation.*

Si vous entendez un coassement guttural, mais sur un tempo rapide, un peu comme celui des cigales, regardez en l'air

Carte IGN 3742 OT (1 cm = 125 m)
© IGN Paris 2010

plutôt qu'autour des suintements, c'est probablement une rainette. Celle-ci, à la couleur verte unique (chez les batraciens d'Europe), est nettement arboricole, ne fréquentant les mares qu'en période de reproduction. Dévastées par la pollution, ses populations, comme celles de la plupart des batraciens, sont en forte régression.

# Pratique

De Nice, rejoignez la "Grande Corniche" pour grimper vers La Turbie. Surveillez sur la droite les panneaux "Parc départemental du Mont Vinaigrier". Attention, il y en a successivement trois, il faut prendre le deuxième (environ 1 km après le premier, après la fin de la zone urbanisée, à la sortie d'un virage à gauche), contigu à la rue qui mène à l'Observatoire.

Engagez-vous dans l'Avenue de Brès et suivez-la jusqu'au bout pour rejoindre le petit parking à l'entrée du site. Si le parking est plein, ressortez de l'avenue de Brès et reprenez "Grande Corniche" à droite. 100 m plus loin à droite, le troisième panneau "Parc du Vinaigrier" donne accès à un autre parking. On rejoindra alors le site à pied par un petit sentier qui descend sur la droite et mène au grand panneau d'information.

Pénétrez dans le site par le chemin ; 100 m plus loin à gauche, un grand panneau décrit l'itinéraire. Compter 2 h pour divaguer agréablement à partir de cet itinéraire.

# 27 Cap-Martin
# Les Alpes **les pieds dans l'eau**

**De petits aménagements conçus par Le Corbusier sont l'occasion d'aller flâner sur le sentier des douaniers jusqu'à la pointe du Cap-Martin. Escapade nature, à quelques encablures seulement de la ville de Monaco.**

S'il fréquente la côte dès les années 30, c'est en 1953 après s'être lié d'amitié avec le propriétaire de la guinguette « L'Etoile de Mer » qui lui cède deux bouts de terrain, que Le Corbusier va édifier, suivant le principe qui lui est cher du « modulor », un cabanon et un "mini" camping composé de cinq « immobile-home » identiques surmontant des parties communes.
Cette partie du sentier des douaniers lui est dédiée. Son parcours permet de découvrir Monaco et le somptueux écrin naturel qui l'enserre. Et, à la pointe du Cap, c'est toute l'extrémité des Alpes plongeant dans la Méditerranée qui se révèle. Les villes côtières, nichées au fond des rades que délimitent les caps, sont surplombées par les villages d'aigles accrochés aux crêtes surplombant le site.

## *Quand les plantes luttent pour leur survie*

La vie n'est pas toujours rose pour la végétation qui se développe entre la mer et les jardins des villas. Les calcaires massifs qui

composent le Cap sont aussi spectaculaires qu'inhospitaliers. Imaginez-vous intrépide plante colonisant les fissures. Vous devez composer avec les embruns qui lessivent le peu de terre disponible et imprègnent d'un sel toxique ce qu'il en reste, sans compter les vacanciers qui vous piétinent sans égards les beaux jours venus. Cette végétation, dite « halophile » (littéralement « qui aime le sel »), développe des adaptations très particulières pour régler le problème.
Si c'est un peu plus facile au-dessus de la zone des embruns, les choses ne sont pas réglées pour autant. L'air humide dépose toujours du sel, agressif pour vos tendres feuilles, et, de plus en plus, vous devez faire face à la concurrence des espèces échappées des jardins. Si certaines d'entre-elles se contentent d'une petite place au soleil, comme les majestueux agaves, d'autres ont tendance à tirer la couverture à elles comme ce séneçon originaire d'Afrique du Sud, liane à fleurs de « marguerite » jaunes et feuilles grasses et luisantes, qui recouvre par endroits toute la végétation locale.

Euphorbe arborescente

## *Qui l'eût crustacé ?*

Comme la flore, la faune s'accommode pourtant de ces difficultés. Survolé par les mouettes et les goélands, le liseré côtier est colonisé par tout un microcosmos, dont une perle rare, au doux nom de Porcellio spinipennis (avec 2 n, comme les pennes des branchies), petite espèce de crustacé endémique du Var et des Alpes-Maritimes. Sur le sentier, écureuils et passereaux s'affairent sous l'œil paisible de quelque lézard paressant au soleil.

Crithme maritime

### Caulerpa

C'est en 1983 que le Muséum océanographique de Monaco rejette accidentellement en mer une variété "aquariologique" de Caulerpa taxifolia. Cette superbe algue originaire des côtes d'Afrique et d'Amérique du Sud y est utilisée pour décorer les aquariums. Probablement "endurcie" par la sélection qui favorise la rusticité, la caulerpe résiste aux conditions hivernales méditerranéennes et s'étend progressivement. Disséminée par bouturage, accrochée aux ancres des bateaux et aux filets de pêche, elle est maintenant présente de l'Adriatique à Gibraltar.

Catastrophe majeure ou chance pour une Méditerranée bien malade ? La bataille d'experts fait toujours rage sur les conséquences potentielles de cette colonisation. Comme il est impossible de l'éliminer, l'avenir nous dira qui avait raison, des optimistes ou des pessimistes !

balade

# Promenade Le Corbusier : entre **nature et culture**

**Dans un des secteurs les plus urbanisés de la côte, la frange rocheuse qui borde le Cap-Martin est un refuge pour nombre d'espèces devenues rares.**

➤ ❶ *Il est impossible de se perdre en suivant simplement le sentier aménagé en bord de mer.*

Au bord du premier tronçon, les poteaux et fils téléphoniques s'ornent de guirlandes d'ipomées aux grandes fleurs en trompette violette. Cette espèce, pour décorative qu'elle soit, n'en reste pas moins une menace pour la végétation locale qu'elle a tendance à étouffer. A des fleurs aussi attrayantes, le figuier de Barbarie rajoute lui des fruits rafraîchissants, quoique terriblement bien défendus par de minuscules piquants.

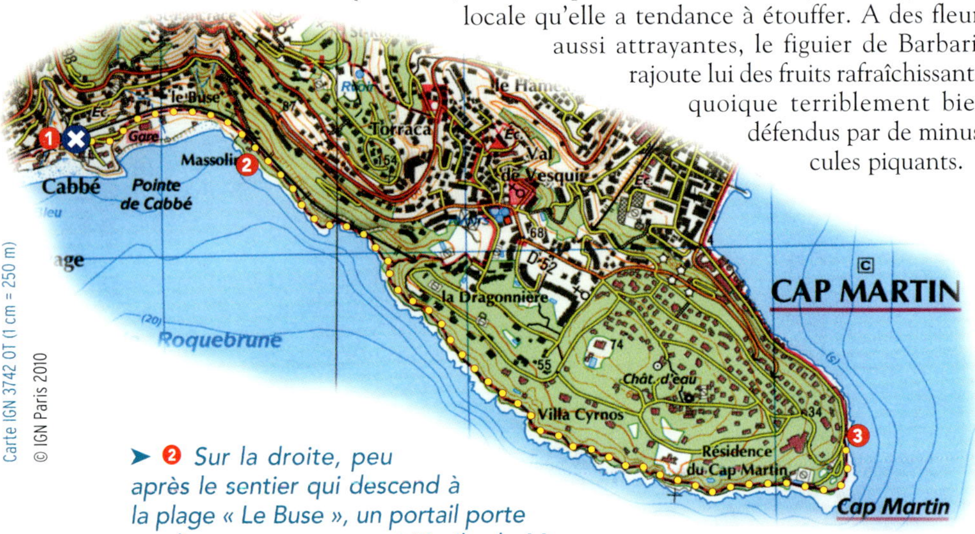




➤ ❷ *Sur la droite, peu après le sentier qui descend à la plage « Le Buse », un portail porte un discret panonceau « L'Etoile de Mer ». L'accès au cabanon de Le Corbusier se fait par une volée de marches à droite 30 m plus loin. Reprenez le sentier.*

Juste avant la passerelle métallique, les rochers accueillent de rares touffes de statice aux petites fleurs violettes et de crithme maritime. Reconnaissable à ses feuilles grasses et ses ombelles de fleurs blanches, le perce-pierre (son autre nom) s'est adapté à la présence de sel. Si vous croquez une feuille de crithme, vous lui trouverez une saveur salée. Pour équilibrer la pression osmotique qui retient l'eau dans le sol, le crithme absorbe du sel et, pour éviter la toxicité directe de celui-ci, le stocke dans des cellules spéciales.

Tout au long du sentier, une autre espèce littorale, l'euphorbe arborescente, exsude un latex irritant si on la blesse, comme toutes

Cabanon Le Corbusier

ses cousines de ce genre botanique. Commune ici où ses conditions optimales sont réunies, elle peut atteindre des tailles respectables. Une des particularités de sa croissance permet d'estimer facilement son âge. En effet, chaque année les rameaux se divisent pour en donner deux nouveaux, ni plus, ni moins. En comptant le nombre de fourches qui séparent l'extrémité d'une branche de la base du tronc on obtient donc l'âge de la plante.

➤ ❸ *La statue de Le Corbusier marque le terme de cette balade.*

Deux options pour revenir au point de départ.

- Le même sentier dans l'autre sens (ce qui ouvre d'autres perspectives)
- Continuer à longer le bord de mer jusqu'au village suivant de Carnolès où l'on rejoint la gare pour revenir en train à la station de Roquebrune.

Peu avant la fin du sentier, un arbuste un peu déplumé qui s'orne au printemps, à l'aisselle de ses feuilles composées soyeuses et argentées, de petites grappes de fleurs jaunâtres. Cette belle espèce, la barbe de Jupiter, bien que protégée, est en forte régression. Strictement inféodée au littoral, elle pâtit de l'urbanisation, de la concurrence des espèces invasives, … et de l'incivilité des jardiniers pilleurs peu scrupuleux.

## Pratique

De l'autoroute (A 8, entre Nice et la frontière italienne, sortie "La Turbie"), rejoindre Roquebrune-Cap-Martin. En arrivant à Roquebrune, laisser à gauche la route du vieux village et prendre à droite la route de Monaco. Surveiller à gauche, 1 km plus loin, mal signalé dans ce sens, la rue qui descend à la gare de Roquebrune. Suivre cette rue, passer sur la voie ferrée et, 30 m plus loin à gauche, pénétrer et se garer sur l'esplanade le long de la voie ferrée.

Le départ de la "Promenade Le Corbusier" est au fond de cette esplanade.

La totalité du parcours aller-retour jusqu'à la pointe du Cap-Martin ou aller simple jusqu'à la gare de Carnolès, fait 5 km sans difficulté. Compter deux bonnes heures pour une découverte plaisante.

Dans le cas d'un retour en train, penser à consulter les horaires (différents l'été et l'hiver) à la gare de Roquebrune au départ de la balade !

L'office du tourisme organise des visites du cabanon de Le Corbusier (tél. : 04 93 35 62 87).

# 28 Serre de la Madone, paradis des plantes d'ici et d'ailleurs

**Longtemps oubliée, cette propriété classée Monument historique présente tout à la fois le savoir-faire d'un passionné des jardins et des espèces exotiques qu'il y a acclimatées, la flore méditerranéenne et des restanques d'agrumes et d'oliviers séculaires.**

Suivant l'engouement (précurseur !) de l'époque pour la villégiature sur la Riviera, c'est dans les années 1920 que le Major britannique Lawrence Johnston achète Serre de la Madone, propriété agricole de sept hectares au cœur du vallon de Gorbio. Passionné de jardins (il a déjà créé en 1907 l'un des plus célèbres jardins anglais à Hidcote à l'ouest de Londres) et féru de botanique, il trouve à Menton un climat qui lui permet d'acclimater des espèces exotiques que les rigueurs du sud de l'Angleterre rebutent.
Pendant 5 ans, à partir de 1924, une trentaine de jardiniers et de maçons façonnent les 4 hectares du jardin qui accueilleront les espèces exotiques que le Major ramène de ses voyages. Plusieurs plantes connaîtront ici leur première acclimatation en Europe. Après sa mort en 1958, le jardin sombre dans un oubli dont il sera tiré en 1999 avec le rachat du site par le Conservatoire du littoral.

## *Une ambiance tropicale*

Le climat de la Riviera, méditerranéen bien sûr (hivers doux, intersaisons arrosées et étés chauds et secs) a des particularités très marquées : la proximité de la mer et la présence immédiate des reliefs génèrent des vents thermiques marins qui rafraîchissent et humidifient l'atmosphère l'été et la tempèrent l'hiver. En outre, ces reliefs, en arrêtant les grandes dépressions qui viennent de l'est permettent une pluviosité assez importante (il pleut plus, en quantité, à Menton qu'à Paris) ce qui renforce encore la tendance « subtropicale », humide et douce, voire chaude, du secteur. Les microclimats du jardin, liés à l'exposition, l'ombrage, l'aménagement de terrasses ou de bassins font le reste pour créer une myriade de « niches écologiques » hébergeant autant de végétations différentes.

## *Une goutte d'eau…*

L'échantillon de plantes exotiques présentes à Serre de la Madone au côté des plantes méditerranéennes ne représente qu'une goutte de l'océan de diversité des régions tropicales. Dans ces régions du monde, tout se passe comme si, épargnée par les contingences bassement matérielles d'adaptation aux rigueurs climatiques, la vie s'était consacrée à l'exploration de toutes les options envisageables. Ainsi, la forêt tropicale humide héberge-t-elle plus de 10 000 espèces d'arbres. Un seul hectare peut en présenter près de 200 différents, soit plus ou moins, la moitié de la totalité des espèces européennes !

Et si l'homme y rajoute son grain de sel, les choses se compliquent encore comme en témoignent les plantations d'agrumes. A partir de trois ou quatre espèces sauvages, des milliers de variétés d'oranges, citrons et autres pamplemousses ou clémentines peuvent se décliner, issus de sélection et de croisements.

Cyperus papyrus

### Un ensemble remarquable

Au sommet du jardin, la villa domine les terrasses aménagées. Elle est composée de trois corps, la ferme originelle flanquée de deux ailes, imposantes mais harmonieuses, rajoutée par le Major. Prolongée sur un côté par une grande terrasse (la cour du mandarinier) et une délicieuse petite rotonde, la villa possédait en outre sur son arrière une grande volière, tombée en ruines de nos jours. La villa a été superbement restaurée en 2005-2006, et les pièces principales peuvent être visitées. Un projet intéressant concerne la volière que la LPO (Ligue de protection des oiseaux) propose de laisser ouverte, car plantée d'espèces susceptibles d'attirer les oiseaux. Restanques, murets, escaliers, bassins et fontaines, calades, pergola… et tout un ensemble de statues jalonnent ce magnifique jardin.

balade

# Balade dans un **autre monde**

**Jardin remarquable, Serre de la Madone dépayse par son calme, son architecture paysagère unique et l'originalité des espèces végétales qui s'y épanouissent.**

Le jardin d'eau et la serre chaude

*➤ Un dépliant disponible à l'accueil vous propose un cheminement. Dans un deuxième temps, au hasard des détours des allées, découvrez les différentes « chambres vertes » qui structurent le jardin, imprégnez-vous du charme paisible et un peu désuet qui sourd de l'endroit.*

La flore de Serre de la Madone est une liste à la Prévert. Mais même sans trop connaître les plantes (pour les passionnés, la majorité des plantes sont identifiées), vous détecterez les nuances que soulignent les différents types d'espèces rencontrées.

Ici, une rocaille aride héberge des cactées. Ces plantes « succulentes » des régions arides stockent dans leurs feuilles charnues la rare eau que leur dispense le ciel.

Là, une grande terrasse où subsistent diverses espèces et variétés d'agrumes, culture locale traditionnelle avant les bouleversements générés par le tourisme et la mutation de l'utilisation des sols qui a suivi.

Dans les murets, et c'est un autre des charmes du lieu que de savoir ménager la flore locale opportuniste, se développent plusieurs espèces de fougères autochtones accompagnées d'un spectaculaire oxalis à fleurs roses originaire d'Afrique du Sud et d'un trachelium à fleur bleu. Un peu plus loin, les papyrus côtoient les nénuphars dans une pièce d'eau, tandis que, tout aussi inféodées aux milieux aquatiques, les minuscules lentilles d'eau colonisent une vasque.

Dans la serre chaude, ficus et howeia développent leurs coriaces et grandes feuilles vernissées. Ce type de feuillage est caractéristique des forêts tropicales humides à température relativement constante toute l'année auxquelles on donne le nom de « laurisylve » (de lauri, laurier et sylve, forêt). En effet, ces conditions idéales ôtent deux belles épines du pied des arbres. Tout d'abord, ils n'ont pas à se soucier de

Chasmanthe bicolore

Mahonia siamensis

la sécheresse. Comparez avec la taille des feuilles du chêne vert ou de l'olivier. Ceux-ci, méditerranéens jusqu'au bout des racines, doivent composer avec une longue saison sèche. La taille de leur feuille est un compromis entre la nécessaire photosynthèse (le moteur photochimique du développement des végétaux) dont elle est le siège, et l'évaporation (moteur de la circulation de la sève) qui se produit à sa surface et qui, si elle est trop importante, épuise la ressource en eau dont dispose l'arbre.

Les espèces de la laurisylve ne connaissent pas non plus le problème du froid hivernal que les arbres moins bien « logés » anticipent par la chute des feuilles à l'automne. Alors, pourquoi se gêner ? Si l'on ne risque ni la déshydratation, ni le gel, autant faire de grandes et coriaces feuilles qui, de plus, permettront peut-être de grandir plus vite que les arbres voisins et de leur faire de l'ombre !

Nénuphars bleus

## Pratique

A Menton (accès par l'autoroute A 8, sortie "Menton"), rejoignez le bord de mer en direction de Monaco. A la hauteur de Carnoles (limite de la commune avec Roquebrune-Cap-Martin), prenez à droite la route de Gorbio (D 23). L'accès au jardin est sur la droite, à environ 1 km du bord de mer.

De Menton, bus n°7 direction "Azur Parc", arrêt "Serre de la Madone".

Le jardin est ouvert toute l'année, sauf novembre, tous les jours, sauf les lundis, de 10h00 à 18h00 d'avril à fin octobre, et de 10h00 à 17h00 de décembre à mars.
Entrée payante.
Des visites guidées sont proposées tous les jours ouvrables à 15h.
Attention, les innombrables escaliers vont solliciter vos mollets !
Les animaux sont interdits.
Renseignements (et réservation, possible toute l'année pour les groupes), tél. : 04 93 57 73 90, www.serredelamadone.com.

«Des photos à couper le souffle, extraordinaires, insolites...»
Chasseur d'Images
Vie sauvage
GEO
Dakota éditions
Vie sauvage
GEO
Vie sauvage
GEO
Vie sauvage
GEO
Chaque année, le livre événement sur la vie sauvage
En vente en librairie
contact@wdakota.com

# Principales espèces du littoral provençal

## légendes

- ▶ Signes distinctifs
- ● Habitat typique
- ▲ Migrateur
(Migrateur partiel : mouvement de population uniquement. L'espèce reste visible toute l'année).
- ✚ Période de présence dans la région

**Mammifères**

- Poids
- ↔ Longueur
- ↕ Hauteur

**Oiseaux**

- Poids
- ↔ Longueur
- ↕ Envergure

La longueur comprend, pour les mammifères et les oiseaux, la queue.

*Cygnus olor :* nom scientifique

# Flore du **littoral provençal**

## Maquis et **garrigue**

**Chêne kermès**
*Quercus coccifera*

**Myrte**
*Myrtus communis*

## Rochers **côtiers**

**Crithme maritime**
**(ou perce pierres)**
*Crithmum maritimum*

**Barbe de Jupiter**
*Anthyllis barba-jovis*

**Ciste blanc**
*Cistus albidus*

**Bruyère arborescente**
*Erica arborea*

**Pistachier lentisque**
*Pistacia lentiscus*

**Pin parasol**
*Pinus pinea*

**Chêne-liège**
*Quercus suber*

**Pin d'Alep**
*Pinus halepensis*

**Tamaris**
*Tamarix gallica*

**salicorne herbacée**
*Salicorna europea*

## Terrains **salés**

**Boulette de posidonies**

**Banquette de posidonies**

**Posidonie** *Posidonia oceanica*

# Faune du **littoral**

## **Oiseaux** d'eau

### Flamant rose

*Phœnicopterus ruber*

A l'aide de son étrange bec et de son cou interminable, le flamant rose "pêche" sa couleur. En effet, ce sont les **minuscules crustacés roses** dont il se nourrit qui donnent cette teinte caractéristique à son plumage. Il les attrape en grattant la vase avec son bec pourvu de lamelles filtrantes. La Camargue abrite la plus grande population européenne de flamants roses. Car ces drôles d'oiseaux vivent en colonies. Leur nid n'est qu'un simple îlot de vase sur lequel la femelle pond un ou deux œufs. Dès que les oisillons quittent leur lieu de naissance, les flamants rassemblent leur progéniture et forment ainsi des crèches surveillées par des adultes. Heureusement, les sites localisés qui abritent les flamants roses sont aujourd'hui protégés.

▸ Bec massif et recourbé, très long cou, plumage blanc-rose, longues pattes

● Lagunes d'eau salée peu profondes

↔ 135 cr

↕ 155 cr

### Hérons et aigrettes

Les hérons parcourent des eaux peu profondes pour se nourrir. Ils s'alimentent grâce aux poissons qu'ils pêchent à l'affût, parfaitement immobiles. A la vitesse de l'éclair, le cou se détend et le bec, en forme de poignard, transperce la victime.

**Héron cendré**

*Ardea cinerea*

↔ 95 cm

↕ 165 cm

**Héron pourpré**

↔ 110 cm

↕ 140 cm

**Héron pourpré**

*Ardea purpurea*

▸ Corps élancé brun-gris avec quelques plumes rousses, calotte et huppe noires, bec jaune

● Marais d'eau douce, étangs, lacs, cours d'eau

▲ Migrateur

✚ Mars-octobre

**Aigrette garzette**

*Egretta garzetta*

↔ 60 cm

↕ 90-95 cm

▸ Blanc, longues plumes pendantes derrière la tête en été

● Marais, estuaires, étangs

▲ Migrateur partiel

**Héron garde-bœufs**

*Bubulcus ibis*

↔ 50 cm

↕ 90-95 cm

## Goéland leucophée

*Larus cachinnans*

Hardi et habile voilier, le goéland leucophée est aussi un **profiteur**. Qu'il saisisse un mollusque et le laisse tomber pour casser sa coquille ou qu'il profite des dépotoirs à ciel ouvert, le goéland saura toujours vous étonner par sa faculté d'adaptation. Il est appelé **gabian** en Provence.

↔ 60 cm

*Immature*

- ▶ Taille d'une buse, beige et tacheté (jeune), gris et blanc (adulte)
- ● Fleuves, grands lacs, bord de mer, proximité des agglomérations…

↔ 90 cm
↕ 145 cm

## Grand cormoran

*Phalacrocorax carbo*

Spécialistes de la chasse sous-marine, les cormorans plongent et nagent parfaitement pour capturer leur mets favori : les poissons. Paradoxe de la nature, leur plumage n'est pas imperméable comme celui de la plupart des oiseaux d'eau ! Vous aurez sans doute l'occasion de les observer dans une position cocasse : perchés sur une branche ou un piquet, immobiles et les ailes écartées, les cormorans attendent que leurs plumes sèchent…

*Cormorans en vol*

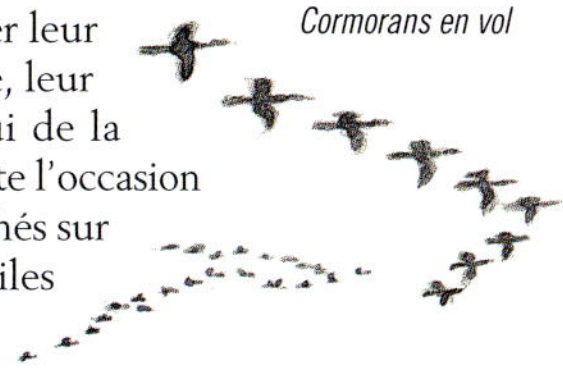

- ▶ Plumage presque entièrement noir, menton blanchâtre
- ● Bords de mer, littoral, fleuves et rivières, étangs et lacs
- ▲ Migrateur partiel

# Limicoles

D'une taille petite à moyenne, les limicoles sont équipés pour vivre et se nourrir sur les sols gorgés d'eau. La longueur de leurs pattes leur permet de progresser dans la **vase** et dans l'**eau peu profonde** sans difficulté. La plupart fouillent le sol de leur bec pour se nourrir d'invertébrés, de coquillages et de vers.

↔ 42 cm
↕ 70-75 cm

### Avocette élégante

*Recurvirostra avosetta*

### Bécasseau variable

*Calidris alpina*

↔ 18 cm
↕ 35 cm

↔ 28 cm
↕ 50 cm

### Chevalier gambette

*Tringa totanus*

↔ 20 cm
↕ 35-40 cm

### Grand gravelot

*Charadrius hiaticula*

↔ 55 cm
↕ 90-105 cm

### Courlis cendré

*Numenius arquata*

### Huîtrier-pie

*Haematopus ostralegus*

↔ 40 cm
↕ 75-80 cm

# Anatidés

**Bernache cravant**
*Branta bernicla*

↔ 60 cm
↕ 105-115 cm

Certaines espèces nichent chez nous. Mais c'est lorsqu'une vague de froid hivernal sév dans le **nord** de l'Europe que de nombreux oiseaux d'eau descendent dans nos région là où les plans d'eau ne sont pas encore gelés. C'est le **froid de canard**… Le moment est idéal pour l'observation des anatidés (la famille des canards) sur les étangs. Souchets, sarcelles, milouins, morillons… forment des groupes souvent composés d'espèces différentes. Canards plongeurs et canards de surface se côtoient au milieu des foulques et des grèbes. À vos jumelles !

**Canard souchet**
*Anas clypeata*

↔ 47 cm
↕ 75-80 cm

# Grèbe huppé *Podiceps cristatus*

▶ Huppe et collerette bien apparentes seulement au printemps

● Lacs, étangs, rivières calmes…

Le grèbe huppé force l'admiration par son **élégance** et sa formidable adaptation au milieu aquatique. Comme un sous-marin, il dispose de poches dans le plumage qu'il utilise comme ballast. Ses pattes, situées à l'arrière du corps, jouent le rôle d'hélice à propulsion : le grèbe peut ainsi atteindre sous l'eau la vitesse de 2 mètres par seconde !

↔ 50 cm
↕ 85-90 cm

# Rapaces

## Aigle de Bonelli

*Hieraaetus fasciatus*

▶ Rapace au plumage clair, aux ailes assez larges, queue terminée par une bande sombre, dessous des ailes marqué d'une bande noire

● Montagne : éboulis et alpage, forêts

Ce grand rapace des régions méditerranéennes voit ses effectifs chuter d'année en année, à tel point qu'il pourrait disparaître complètement de notre territoire. Ses aires de nidification sont étroitement **surveillées** par des ornithologues. Mais les lignes électriques, la chasse illégale et la modification des ses habitats sont également des **menaces** sérieuses pour l'espèce. Il restait moins d'une trentaine de couples il y a quelques années ! L'aigle de Bonelli aime particulièrement les zones montagneuses et il installe son aire sur une corniche au milieu des falaises. Les oiseaux et quelques rongeurs sont les proies habituelles de cet aigle à l'allure puissante. Le mâle et la femelle planent souvent ensemble et restent unis toute l'année.

↕ 150-170 cm

## Faucon pélerin

*Falco peregrinus*

▶ Dessous clair barré de sombre, ailes pointues, queue courte

● Falaises

▲ Migrateur partiel

↔ 36-48 cm
↕ 95-110 cm

“Recordbird” de **vitesse** en piqué, le **faucon pélerin** fond sur sa proi à la vitesse vertigineuse de 270 km/h ! Perché du haut de sa falaise, guette… Qu'un oiseau semble malade et voici que le pélerin prend d l'altitude pour mieux piquer. Souvent, la violence du choc suffit à tue la proie. **Rare** et menacé, il a bien failli disparaître, notamment à caus de pesticides comme le DDT (aujourd'hui interdit), qui provoquaien sa stérilité !

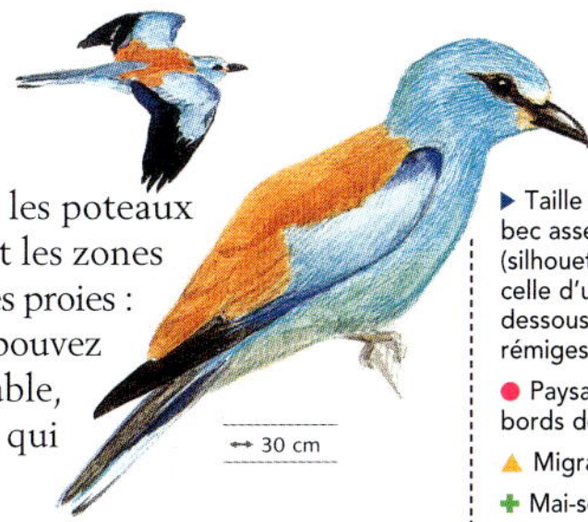


## Rollier d'Europe *Coracias garrulus*

Vous l'observerez souvent posé en évidence sur les fils électriques et les poteaux téléphoniques. En effet, le rollier aime les postes d'affût qui dominent les zones ouvertes et ensoleillées. Depuis son perchoir, il repère puis se lance sur ses proies : les gros insectes (sauterelles, coléoptères) et parfois les lézards. Vous ne pouvez vous méprendre : sa couleur bleue intense le rend presque inconfondable, même de loin. Le rollier est un oiseau typiquement méditerranéen qui niche généralement dans les cavités de grands arbres.

- ▶ Taille d'une tourterelle, bec assez massif (silhouette semblable à celle d'une corneille), dessous bleu pâle, rémiges bleu violet foncé
- ● Paysages ouverts, bords de route…
- ▲ Migrateur
- ✚ Mai-septembre

## Guêpier d'Europe
*Merops apiaster*

Des "krup" retentissent. Cherchez dans le ciel pour localiser la petite bande de guêpiers qui est en chasse. Le guêpier est un oiseau migrateur qui vient se reproduire dans nos régions. Il vit en colonie et niche dans des **terriers** creusés dans des parois meubles. Pour éviter que le nid ne devienne invivable, les parents avalent les fientes des poussins… Son nom lui vient de son alimentation, composée de gros **insectes** : des libellules, des coléoptères et, bien sûr, des guêpes qu'il peut saisir sans se faire piquer grâce à son long bec. Aussi agile que coloré, il écrase ses victimes contre son perchoir, éjectant ainsi le dard venimeux, avant de les offrir à ses petits.

- ▶ "Inconfondable !"
- ● Sablières, carrières, bord des canaux, pelouses…
- ▲ Migrateur
- ✚ Mai-septembre

## Martin-pêcheur *Alcedo atthis*

Le sifflement perçant, un **éclair bleu** passe rapidement au ras de l'eau : le **martin-pêcheur** inspecte son territoire de chasse. Grand spécialiste de la **pêche**, il attend, immobile, sur une branche généralement basse et située au-dessus de l'eau. Au moindre scintillement, il plonge telle une flèche et capture le poisson qui s'est ainsi trahi. Le martin-pêcheur **creuse** des galeries dans les berges pour nicher. Celles-ci peuvent atteindre un mètre de profondeur !

- ▶ Petit oiseau, bleu et roux, au long bec
- ● Rivières et ruisseaux lents, étangs, bords de mer…

# Reptiles

Femelle

Mâle

## Lézard vert *Lacerta viridis*

Ce lézard porte une grande confiance en sa belle robe verte, qui lui permet de passer inaperçu au milieu des herbes et des feuilles. Vous pourrez ainsi l'admirer sans qu'il bouge d'un millimètre. Mais en cas d'agression le lézard vert n'hésitera pas à vous mordre en pressant si fortement ses mâchoires qu'il peut rester pendu à votre doigt un bon moment… Rassurez-vous, sa morsure n'est pas dangereuse.

- ▶ Corps (excepté le ventre) souvent entièrement vert, moucheté de noir ou de brun
- ● Haies, lisières, terrains secs et herbus

## Lézard ocellé *Lacerta lepida*

Le lézard ocellé, avec ses **60 cm** de long, fait plus penser à un inquiétant varan qu'à un inoffensif lézard – le plus grand d'Europe. Il grimpe aisément le long des troncs d'arbres et sur les rochers. En cas de danger, il se réfugie **bruyamment** dans un terrier ou sous une souche. Son alimentation est particulièrement variée : coléoptères, petits rongeurs, lézards, jeunes serpents, œufs, oisillons, etc.

- ▶ Corps massif, longue queue effilée, très épaisse à la base, dos vert tacheté, flancs verts avec rangées de taches bleu vif
- ● Terrains secs, ensoleillés à végétation éparse

▸ Tortue aquatique, carapace aplatie, tête et corps olive, moucheté de jaune

● Etangs, grandes mares,rivières à cours lent, marais, fossés riches en végétation

▲ Hiberne d'octobre à mars et estive en juillet-août

## Cistude d'Europe *Emys orbicularis*

↔ 20 cm

La cistude est une rare petite **tortue d'eau douce** surtout active au printemps. C'est au lever du jour que vous aurez le plus de chances de l'apercevoir. Avant de se mettre en chasse, elle augmente sa **température** corporelle en s'exposant au soleil, sur une pierre ou sur une branche. Au moindre bruit, elle se réfugie dans l'eau. La cistude se nourrit d'insectes aquatiques et de têtards, accompagnés de quelques cadavres d'animaux… Ne la confondez pas avec la tortue de Floride (vendue dans le animaleries) qui, trop souvent relâchée dans la nature, provoque la disparition de la fragile cistude La pauvre a déjà fort à faire avec la destruction et la pollution de ses biotopes !

▸ Tortue terrestre, carapace fort bombée, plaque divisée en 2 écailles juste au-dessus de la queue (si la plaque n'est pas divisée, c'est une espèce introduite : la tortue grecque)

● Maquis, zones de chênes-lièges pâturées par des brebis…

## Tortue d'Hermann *Testudo hermanni*

↔ 25 cm

**Unique** tortue terrestre de France, la tortue d'Hermann ne survit pratiquement plus que dans le Var, et en Corse. Rare et menacée, elle est victime des incendies, de l'urbanisation, des cultures intensives et des **enfants** qui veulent la ramener à la maison, ce qui est rigoureusement **interdit**. C'est en journée qu'elle recherche sa nourriture composée de divers végétaux.

# Mammifères

▸ Rongeur de grande taille

● Etangs, rivières, lagunes, marais, etc.

## Ragondin *Myocastor coypus*

6-9 kg

↔ 65-105 cm

Originaire d'Amérique du Sud, le ragondin a été **importé** en France pour sa fourrure. Après s'être échappé des élevages, il ne s'est pas gêné pour coloniser la plupart de nos régions. **Aucun prédateur** indigène n'ayant pu l'arrêter, il a proliféré. Le myocastor (son autre nom) crée des dégâts dans d nombreuses berges dont il peut entraîner jusqu'à l'effondrement à force d'y creuser des terriers.

▸ Corps massif et tête imposante

● Forêts, taillis, bois, marais

*Marcassin*

*Sanglier*

## Sanglier *Sus scrofa*

60-150 kg

↔ 150-160 cm

Les sangliers vivent dans une **compagnie** dirigée par une femelle dominante. Les vieux mâles, eux, préfèrent la solitude. Essentiellement végétarien, quoique omnivore, le sanglier laboure la terre de son **groin** à la recherche des glands, des racines, des champignons… qui constituent sa nourriture. Son menu varie selon les saisons. Affamé, il peut causer des dégâts aux cultures. La **laie** (femelle du sanglier) construit un nid pour mettre au monde ses marcassins : le **chaudron**. C'est un amas de feuilles et de branches qu'elle a entassé et creusé. Les **marcassins** y restent quelques jours.

*Marcassin*

# Insectes

*Cigale*

Merci aux équipes du Conservatoire du littoral, aux gardes du littoral, aux animateurs et gestionnaires de sites de s'engager si fort pour préserver un si bel héritage. Sans eux, ce guide n'aurait pas vu le jour.

## Les auteurs

Jean E. Roché pour l'introduction "Provence - Côte d'Azur, un héritage d'exception" et pour les sites n°1, 2, 3, 5, 10, 16, 17, 19
Nicolas Crunchant pour les sites n°6, 7, 8, 11, 12, 14, 15
Christophe Bonnet pour les sites n°21, 22, 24, 25, 26, 27, 28
Sandra Lauret pour les sites n°4, 9, 13, 18
Sonia Lazzarini pour le site n°20
Denis Huin pour le site n°23

Avec la collaboration d'Emmanuel Lopez (Le Conservatoire, pourquoi et pour quoi faire ?)
Denis Mornet (Préserver les rivages de Provence - Côte d'Azur), Myriam Granier (pages de garde des chapitres).

## Remerciements à

Anne Konitz, Myriam Granier, Christian Desplats, Anne-Sophie Rogé, Gaël Hémery (Parc naturel régional de Camargue), Luc Brun (SIBOJAÏ), Eric Coulet et Philippe Vandewalle (Réserve nationale de Camargue), Nathalie Leydier (Affaires culturelles, Lalonde-les Maures), Nicolas Crouzet, Sylvain Dromzée, Nicolas Gérardin, et Alain Marie (Parc national de Port-Cros).
Les auteurs tiennent à remercier les gardes du littoral et tous ceux qui, par leur disponibilité, leur gentillesse et leurs connaissances irremplaçables, leur ont fait visiter les différents sites.

**Dakota Editions**
20, rue Bouvier – 75011 Paris – E-mail : contact@wdakota.com – www.dakotaeditions.com

**Editeurs** : Jean-Damien Lepère, Marc Lacouture, Marc Santenac
**Responsable de la collection** : Axel Vicq
**Conception graphique** : Capucine Deslouis, Emmanuelle Patient
**Assistante d'édition** : Anne-Sophie Rogé
**Partenariats** : Cyprien Neveu.

**Coordination du projet au sein de la délégation PACA du Conservatoire** : Myriam Granier

Dakota Editions 2011
ISBN : 978-2-84640-337-5
Dépôt légal : 2e trimestre 2011


## Cartes

Les cartes figurant dans cet ouvrage ont été réalisées à partir de fonds cartographiques de l'IGN – Tous droits réservés – Convention n°9043 – ©IGN Paris 2007 - Fond de carte générale de Provence-Côte d'Azur : Fondation d'entreprise Total pour la biodiversité et la mer.
Illustrations animalières ainsi que chêne kermes, pin d'Alep et fougère aigle : Jean Chevallier
Autres illustrations de flore : Serge Nicolle

**Crédits photographiques** (photos désignées par des lettres commençant par a, ordre de lecture de gauche à droite puis de haut en bas)

Photo de couverture : Bertrand Gardel / Hemis.fr. Dos de couverture : SNPN/Réserve nationale de Camargue (a), Conservatoire du littoral (d, e), Nicolas Crunchant (c), Christel Gérardin, PN Port-Cros (b).

Conservatoire du littoral : 4, 5b, 6a, 13, 15, 16b, 36a, 39b, 45, 49, 58, 59, 61a, 61b, 65a, 74, 78a, 78b, 100, 101a, 101b, 101c, 103, 108a, 108b, 111, 113, 115, 122b, 125. Marc Heller / Conservatoire du littoral : 6b, 10, 11, 19c, 23, 39a, 63, 72, 77, 83, 89, 93, 94, 122a, 132. A. Dautresme : 81a. Jean E. Roché : 5a, 16c, 17a, 18c, 18d, 18e, 18f, 19a, 24, 25, 27a, 27b, 28, 29a, 29b, 31, 32, 33, 35a, 35b, 40, 41, 43, 64, 65b, 67a, 67b, 68, 91a, 104, 105, 106a, 106b, 123. Nicolas Crunchant : 46, 50, 51, 53, 54, 69, 71, 73, 82, 85, 86, 87. Christophe Bonnet : 114, 127b, 129, 133, 134, 135, 138, 141. Emmanuel Boitier : 18b. Christel Gérardin, PN Port-Cros : 5c, 91b, 95, 97. Goodshoot : 19b. Iconotec : 9, 17b, 18a, 90. V. Rumi / Fotolia : 14, 126. A.Matinez (CEEP) : 5d, 6c, 109. R.Viala (CEEP) : 112a, 112b. L.Nédélec, PN Port-Cros : 99. Y.Strebler (CG 06) : 136, 137, 139. P. Ch. Herzog (ONF) : 20. J. M. Beuf (mairie de Roquebrune-sur-Argens) : 116, 117, 121. Etienne Becker (CEEP) : 55, 56. Marais du Vigueirat : 16a, 36b. J.Bauza : 37, 81b. Mairie de Roquebrune-Cap-Martin : 140a, 140b, 142, 143a, 143b. Michèle Misan (SIANPOU) : 47. Philippe Carraud : 144, 145b, 147b. Alexandre Garcin : 145a, 146b. Stéphanie Foray : 147a.

Malgré le soin apporté à cette édition, elle ne saurait être parfaite. N'hésitez pas à nous écrire pour nous faire part de vos remarques.

# **Index** géographique

# **Glossaire** du littoral

Calanque : crique étroite et allongée, bordée de rochers abrupts.

Climacique : stade ultime de l'évolution naturelle d'un écosystème.

Démasclage : enlèvement de la première écorce, ou liège-mâle, du chêne-liège.

DFCI : (Défense de la Forêt Contre l'Incendie) se dit des ouvrages et équipements destinés à faciliter la lutte contre les incendies (pistes pour les services de secours, citernes d'eau...).

Ecosystème : unité écologique douée d'une certaine stabilité, constituée par un ensemble d'organismes vivants (biocénose) exploitant un milieu naturel déterminé (biotope).

Endémique : se dit d'une espèce vivant dans une région particulière et nulle part ailleurs.

Fascines : branchages disposés perpendiculairement à la pente de manière à limiter l'érosion des sols après un incendie, quand surviennent de fortes pluies.

Ganivelle : petite palissade en lattes de châtaigner disposée sur le littoral sableux qui sert à piéger le sable pour reconstituer les dunes.

Garrigue : formation végétale buissonnante qui apparaît sur les sols calcaires après destruction de la forêt par le feu. C'est le premier stade de recolonisation de la végétation, indispensable à la dynamique forestière.

Grau : chenal faisant communiquer les lagunes et la mer.

Halophile : se dit d'un organisme adapté à la vie dans des sols salés.

Lagune : étendue d'eau saumâtre (de franchement salée à presque douce) retenue derrière un cordon littoral, en communication plus ou moins permanente avec la mer.

Maquis : association végétale touffue et dense qui caractérise les sols siliceux, et se forme après destruction de la forêt par le feu (différent de la garrigue qui se forme sur milieu calcaire)

Martelière : nom local donné aux ouvrages de vannage permettant la circulation des eaux.

Paludicole : qui vit dans les marais.

Platelage : chemin de bois sur pilotis, permettant de circuler dans les marais ou les zones inondées.

Restanques : terrasses limitées par des murets de pierres sèches, forme traditionnelle d'aménagement agricole en Provence (« bancaous » ou « faïsse » en provençal).

Ripisylve : forêt riveraine d'un cours d'eau.

Roubine : canal creusé ou aménagé par l'homme, servant à l'écoulement des eaux (irrigation ou drainage).

Ru : petit ruisseau

Sansouire : paysage et formation végétale dominée par des salicornes buissonnantes sur des terrains peu ou pas irrigués où le sel affleure lors des grandes chaleurs.

Sempervirent : se dit d'une plante dont les feuilles restent vertes tout l'année.

Soudières : usines qui fabriquent de la soude.

**Sources** : Conservatoire du littoral, Parc naturel régional de Camargue

## Explication des symboles figurant dans les encadrés pratiques

Comment se rendre sur le site

Comment trouver le point de départ de la balade (si nécessaire)

Durée de la balade, difficultés éventuelles, précautions à prendre, conseils divers...

A voir ou à faire dans les environs